DU MÊME AUTEUR

Biographies

MONSIEUR DASSAULT, Balland, 1983

GASTON GALLIMARD, Balland, 1984 (Folio, n° 4353)

UNE ÉMINENCE GRISE. JEAN JARDIN, Balland, 1986 (Folio, n° 1921)

L'HOMME DE L'ART. D.H. KAHNWEILER, Balland, 1987 (Folio, n° 2018)

ALBERT LONDRES. VIE ET MORT D'UN GRAND REPORTER, Balland, 1989 (Folio, n° 2143)

SIMENON, Julliard, 1992 (Folio, n° 2797)

HERGÉ, Plon, 1996 (Folio, n° 3064)

LE DERNIER DES CAMONDO, Gallimard, 1997 (Folio, n° 3268)

CARTIER-BRESSON. L'ŒIL DU SIÈCLE, Plon, 1999 (Folio, n° 3455)

GRÂCES LUI SOIENT RENDUES. PAUL DURAND-RUEL, LE MARCHAND DES IMPRESSIONNISTES, Plon, 2002 (Folio, n° 3999)

Romans

LA CLIENTE, Gallimard, 1998 (Folio, n° 3347)

DOUBLE VIE, Gallimard, 2001, prix des Libraires (Folio, n° 3709)

ÉTAT LIMITE, Gallimard, 2003 (Folio, n° 4129)

LUTETIA, Gallimard, 2005, prix Maisons de la presse (Folio, n° 4398)

Récit

LE FLEUVE COMBELLE, Calmann-Lévy, 1997 (Folio, n° 3941)

Entretiens

LE FLÂNEUR DE LA RIVE GAUCHE, avec Antoine Blondin, François Bourin, 1988, La Table Ronde, 2004

SINGULIÈREMENT LIBRE, avec Raoul Girardet, Perrin, 1990

Suite des œuvres de Pierre Assouline en fin de volume

ROSEBUD

PIERRE ASSOULINE

ROSEBUD

Éclats de biographies

nrf

GALLIMARD

À Monique Assouline,
ma mère

Ne cherche pas le fin mot d'une énigme. Le secret a sa raison d'être.

Qu'il n'y ait pas de réponses à certaines questions devrait multiplier le nombre des gens heureux.

ROBERT PINGET

1

Rosebud

Ayant conquis le monde, un homme perclus de solitudes s'enfonce dans la nostalgie de son enfance. Tandis qu'il vit ses derniers jours, un reporter entreprend de fouiller dans son passé. Il recueille des témoignages. Consulte des archives. Et bute sur une énigme faite d'un seul mot que le vieil homme murmure sans discontinuer : « *Rosebud... rosebud... rosebud... rosebud...* »

À l'agonie, le vieil homme manipule une boule de cristal renfermant un paysage de neige. L'enfant qu'il fut lui apparaît chevauchant une luge, faisant corps avec elle, vivant avec elle ; à l'instant crucial où on vient l'arracher à ses parents, il l'abandonne derrière lui pour toujours ; dans la neige, devant la maison, la luge n'est plus qu'un morceau de bois ordinaire.

L'enfant devient l'un des hommes les plus puissants de son temps. Toute sa vie, pourtant, tourne autour de cet objet qui occupe d'emblée une place centrale dans sa mythologie personnelle.

À sa mort, les déménageurs chargés de vider son château jettent au feu les choses sans valeur. Les détails d'une vie. La luge brûle en dernier.

Tout cela se passe dans un film. *Citizen Kane.*

Plus de trente ans que je cherche ce *rosebud* (bouton de rose) en chacun. Ce petit rien qui nous trahit en nous révélant aux autres. Toute enquête est gouvernée par la curiosité : le goût des autres humanise. Mais pour qu'elle tourne à l'obsession, il en faut davantage. Le reporter Thomson, c'est moi. Un livre, un film ou un tableau, juste un regard parfois de l'autre côté de la table, ou même un sourire entre deux stations de métro, le battement d'ailes d'un papillon un soir d'été peuvent engager une vie.

Citizen Kane, aussi, m'a fait biographe.

Vient un jour où les preuves fatiguent la vérité. Le biographe se surprend alors à tenir l'exactitude à distance. Non qu'il méprise le document, il entend au contraire lui faire rendre l'âme.

Qui dira jamais la volupté de la focalisation sur l'infiniment petit ? Le biographe accumule d'innombrables détails mais achève sa course dans le temps frustré de n'en avoir approfondi aucun. Il y a du Ingres en lui puisque, comme le peintre le suggérait, il met à la raison « ces petits importants ». Ce sont les exigences du genre : respect des formes et proportions, harmonie des chapitres, hantise de la digression. Pas de hors sujet, rien ne doit dépasser.

Le biographe est un fournisseur en gros, demi-gros, détail.

Dans sa quête obsessionnelle du *rosebud*, il ne peut faire l'impasse sur les détails. Car c'est là que ça se passe. Là que se déploie l'essentiel du théâtre d'ombres de son héros.

Il l'ignore mais il doit beaucoup à deux grands vagabonds de musées, Kenneth Clark et Daniel Arasse. Ces scrutateurs de tableaux sont de ceux qui ont modifié notre regard. Le premier en 1938, le second en 1992. Ils nous ont appris à avancer de trois pas pour nous incliner devant les œuvres. Car rien n'est moins évident que de voir de nos yeux ce qui se présente sous nos yeux.

Quelle force nous meut ainsi pour isoler une partie d'un tout ? On ne sait pas. D'autant que dans les musées la plupart des visiteurs passent leur chemin. Question de génération, croit-on. Robert Doisneau, qui se disait « foutugraphe », assurait au contraire que la capture du détail est l'apanage des jeunes regards ; plus on avance en âge, plus on s'en éloigne ; au soir d'une vie, le regard est devenu tellement perspectif qu'il faut produire un réel effort pour se défaire de l'ensemble et en isoler une infime partie. Ainsi à la fin le détail se mérite-t-il, quand au début il s'offre.

Tel tableau a la puissance d'attraction d'un vitrail de la cathédrale de Chartres. Sa lumière vient de l'intérieur. Elle agit comme un aimant, puis nous dirige vers un point précis qui capte alors la totalité de notre attention. Sauf que plus près on ne voit pas mieux : on voit juste autre chose.

Or il en est d'une vie comme d'une œuvre d'art. Il arrive que la beauté du détail remette en question le génie de l'ensemble. Voltaire le dit une fois pour toutes, la poésie n'est faite que de beaux détails, il n'y a pas à sortir de là. Comment ose-t-on encore dénoncer leur tyrannie ?

Dans son histoire rapprochée de la peinture, Daniel Arasse soutient même que seul le détail peut vraiment procurer surprises et récompenses. Il ouvre sur des perspectives insoupçonnées. Il lui arrive de livrer un message différent de celui que suggère l'ensemble du tableau.

Les détails sont les refuges des merveilles de la vie. On n'y trouve, en vérité, ni le bon dieu ni le diable. Juste le spectre souverain du secret. Pas étonnant que Proust passât pour un fouilleur de détails, lui qui cherchait de grandes lois. Son roman en constitue le minutieux inventaire, dont l'acmé est le petit pan de mur jaune sous un auvent de la *Vue de Delft* de Vermeer.

La première fois que Proust voit la vue à La Haye, sa découverte le bouleverse. Vingt ans après, dans une autre exposition à Paris, le choc est si puissant que celui qui l'accompagne doit le soutenir. Ce vertige, l'auteur d'*À la recherche du temps perdu* le transposera dans sa description de la mort de Bergotte dans *La prisonnière*. Le vieil écrivain expire en regardant l'extrémité droite du tableau de Vermeer. Ainsi un détail peut-il envahir toute la surface de la toile, se répandre jusqu'à dévorer le regard du spectateur, l'absorber jusqu'à l'asphyxier. Il tue le tableau en le sublimant. Un détail peut être plus beau que « le plus beau tableau du monde » tant sa beauté se suffit à elle-même.

Le biographe, lui, fait sans cesse déborder la peinture du cadre. Il cherche partout des frères secrets au Raphaël qui a inventé une fossette à sa *Sainte Cécile*. Il projette de donner lui aussi un portrait dont le titre, à l'égal du cartouche sous le tableau, serait suivi de la mention « , détail ». Tout est dans la respiration après la virgule.

Roland Barthes rêve d'écrire une biographie. En attendant, il invente des biographèmes, c'est-à-dire des unités qui seraient des traits sans union : le manchon blanc du marquis de Sade lorsqu'il aborde Rose Keller, le goût du théoricien Fourier pour les petits pâtés parisiens aux aromates dits mirlitons, les yeux bleus embués de larmes d'Ignace de Loyola. Barthes forme des vœux afin qu'un jour son propre biographe soit suffisamment désinvolte pour le traiter avec cette légèreté-là. L'homme est autant dans ses goûts que dans ses secrets. Rien de misérable à cela.

Marguerite Duras fait son lit tous les matins, sinon elle ne peut pas travailler. Le docteur Destouches, qui cohabite dans la crasse avec Louis-Ferdinand Céline à Meudon, est l'auteur d'une thèse de médecine sur le maître de l'asepsie. Michel Leiris éjacule trois cents pages quand le ruban enroulé par Manet au cou d'Olympia lui saute aux yeux. Ce que Baudelaire préfère au théâtre, c'est un bel objet cristallin, compliqué, circulaire et symétrique, c'est le lustre. Les époux Tolstoï trompent leur enfer conjugal en écrivant en secret son journal intime chacun de son côté, dans leur grande

maison d'Iasnaïa Poliana regorgeant de portraits d'eux.
Toute l'œuvre de John Le Carré est secrètement irriguée
par le brusque et inexplicable abandon de sa mère, dont
il ne lui reste qu'une valise en cuir blanc à ses initiales.
Samuel Beckett passe la fin de sa vie dans une petite
pièce d'une maison de retraite du XIVe arrondissement
de Paris, qu'il quitte pour faire les courses et nettoyer la
cuisine d'un couple d'amis musiciens, grabataires
tombés dans la misère. Le Mexicain Carlos Fuentes se
dit hanté par *Citizen Kane,* et toute son œuvre lui rend
hommage à commencer par *La mort d'Artemio Cruz*, qui
s'incline devant son spectre enchanteur. Music et Giacometti cheminent côte à côte des cafés de Montparnasse à leurs ateliers d'Alésia sans échanger un seul mot.
De combien de silences de cette intensité la nuit parisienne peut-elle s'enorgueillir ?

Tous ces éclats de biographies sont des ombres de
vérités. Les isoler pour les placer un à un sur le verre
dépoli du microscope revient en quelque sorte à les inventer. Ils n'ont d'existence historique que par l'importance
qu'on leur accorde. Extravagante peut-être, résolument
arbitraire et tellement subjective. Qu'importe au fond
puisque l'essentiel d'une vie gît dans l'ineffable.

Nombreux sommes-nous à avoir, à défaut d'une
conception du monde, une sensation du monde. Si nombreux même, ainsi emmitouflés dans nos lectures et
convaincus que l'on lira toujours mieux un destin au
plus profond de ces petites choses souvent expulsées
vers ses marges que dans son épopée.

Dans cette foule de détails, quelques-uns, très rares, ont valeur de *rosebud*.

L'un des miens est un bar de la rue Delambre, dans le XIVᵉ arrondissement de Paris. Le jour où Montparnasse se sera transformé en un musée de la vie d'autrefois, à l'image de toute la ville, cet endroit devra être classé monument historique. L'un des rares qui se soient volontairement conservés dans son jus depuis un demi-siècle. Il a l'odeur, la couleur et la lueur du jazz de ses 33 tours rayés. Les garçons ont blanchi et épaissi avec la clientèle. J'y suis beaucoup allé, j'y vais parfois, j'irai certainement. Un verre de vin, la rumeur des conversations, un *chili con carne*, le sourire d'un ami retrouvé et le miracle intact de Billie et Lester, il n'en faut pas davantage pour voyager très loin. C'est l'un de ces lieux où l'on peut flotter durant des heures juché sur un tabouret. À propos, il s'appelle Le Rosebud, vraiment.

La recherche permanente du *rosebud* est un état d'esprit. On pénètre dans le labyrinthe souterrain d'un individu sans savoir quand et comment on en sortira. Ni ce qu'on emportera avec soi. Mais tout ceci doit se faire dans la légèreté que donne la distance, avec une certaine forme de grâce. Sinon on finit, à la manière des érudits absolus, rongé par ce pur cancer que William Blake nommait la « sainteté du très infime détail ».

Le *rosebud* peut être un vêtement, un objet, un geste. Une œuvre d'art éventuellement. Ou une madeleine. Ce peut être une trace ou une empreinte. Parfois même une simple page d'un livre. Ou un mot. À l'origine, dans l'esprit d'Orson Welles, le *rosebud* était un vers d'un poème romantique avant de se fixer finalement sur le traîneau d'un enfant. Qu'importe si c'est juste un détail, pourvu que ce soit un détail juste.

Citizen Kane est la matrice de la biographie moderne.

Il y a quelques années, pour plusieurs dizaines de milliers de dollars, Steven Spielberg a acheté la luge du film et l'a accrochée au-dessus de sa machine à écrire. Était-ce seulement l'original ? L'accessoiriste ne peut plus en témoigner, il est mort voilà longtemps. En 1939, trois luges furent fabriquées pour les besoins du film. Deux furent brûlées pendant le tournage. La troisième fut oubliée dans un entrepôt de la Paramount qui lui servit de reliquaire jusqu'à la vente.

Destin de nos mythes : le musée, l'entrepôt ou l'oubli.

Douze Césars de Suétone, *Trois maîtres* de Stefan Zweig, *Eminent Victorians* de Lytton Strachey, *Four Dubliners* de Richard Ellmann. Ce n'est pas d'aujourd'hui que les plus grands biographes pratiquent le regroupement familial. Parfois, le lien s'impose de lui-même. D'autres fois, ils sont le lien. Mais chaque fois de quoi parlent-ils sinon d'eux-mêmes à travers les autres ? Leur choix les dévoile quand il ne les dénonce pas.

Je me rends.

2

La « Duchess » de Kipling

Curieusement, l'histoire littéraire du Royaume-Uni n'a guère retenu que Rudyard Kipling avait toujours conduit des Rolls-Royce. Ou plutôt possédé, car sa fièvre automobile ne lui faisait pas pour autant oublier sa place, sur le siège arrière. Si l'on fait une exception de sa locomobile à vapeur, une Lanchester, et de la Daimler de ses débuts.

Toujours plus puissantes, ses Rolls-Royce se sont succédé dans le garage de sa propriété de Bateman, son village d'adoption près de Burwash, dans l'East Sussex. Le détail n'aurait pas échappé à l'historien de l'art Erwin Panofsky s'il l'avait connu ; gageons même qu'il aurait enrichi sa fameuse théorie sur les antécédents idéologiques de la calandre Rolls-Royce, étonnant concentré d'influences artistiques que l'Angleterre eut à connaître puisque sa calandre palladienne est surmontée de ce si fameux et romantique bouchon orné d'une *Silver Lady* à la silhouette Art nouveau.

Les Rolls-Royce de Kipling faisaient son bonheur. Elles convenaient parfaitement à sa fibre nomade. Grand voyageur par goût, il savait l'être par nécessité, dans la hâte de fuir une maison où sa femme régnait sans partage.

C'est son ami lord Montagu, deuxième baron Montagu of Beaulieu, qui lui inocula, lors d'une villégiature en France, le virus des voitures de luxe : on se souvient longtemps de leur qualité quand on en a si rapidement oublié le prix. En 1911, quatre ans après avoir été couronné du prix Nobel de littérature, Kipling fait l'acquisition de sa première Rolls-Royce, par lui baptisée « The Green Goblin » (le lutin vert) ; puis il l'échange contre une *Silver Ghost* du même vert foncé. Il l'appelle « Duchess ». Une manie partagée par T.E. Lawrence, plus connu comme « Lawrence d'Arabie », qui baptisait ses motocyclettes — une vénérable Triumph, une série de Brough Superior — « George I », « George II », « George III » et ainsi de suite jusqu'à « George VII », en hommage non à une improbable dynastie mais au constructeur.

En 1921, recrue de jours et de fatigue, la deuxième Rolls de Kipling s'efface devant une nouvelle, neuve et pimpante. Un déchirement pour son propriétaire. Elle était son lien secret avec le monde, celui d'avant 14. *The Kipling Journal,* édité trimestriellement à Londres depuis 1927 par The Kipling Society, n'est guère bavard à ce sujet.

Et pourtant... Avec Kipling en général de l'armée morte, la « Duchess » avait vu l'inouï pendant ses dix années de service.

Ce qui va suivre n'est pas une histoire de duchesses, comme crut devoir dire Gide de la *Recherche* après en

avoir survolé le manuscrit. Pas même le récit d'une passion pionnière pour les automobiles. Juste l'histoire d'un homme et de son fils. À ceci près que l'un était l'icône vivante de l'Empire britannique, et l'autre un fils de.
If... Si ...

Nous sommes en 1914. Le ciel s'assombrit au-dessus de l'Europe. Un ciel de suie annonciateur d'orages d'acier. Rudyard Kipling est père de trois enfants. John, son seul fils, est le cadet. Joséphine, l'aînée, est morte à l'âge de six ans d'une coqueluche aggravée pendant une attente interminable par un froid de gueux à la douane de New York. Elsie, sa seconde fille, n'est pas encore mariée.

Aux premières heures du conflit mondial, John Kipling a dix-sept ans à peine. Il porte seul sur ses épaules le fardeau de son nom. Un motif de fierté qui parfois pèse des tonnes. Son prénom aussi lui coûte, son père lui ayant donné celui de son propre père.

Rudyard Kipling, comme s'il était entré dans l'Histoire de son vivant, n'est plus appelé autrement que « Kipling ». C'est bien plus que n'aura jamais un « poète lauréat » adoubé par Sa Majesté. Kipling décline poliment mais régulièrement les titres et autres hochets de vanité qu'on lui offre. Pour exiguë que soit leur chambre, les lords n'en sont pas moins un certain nombre, alors qu'il n'y a qu'un seul poète dont on s'accorde à dire que son emprise s'étend sur l'Empire. À côté, rien ne tient dans l'ordre du prestige. La rumeur du monde a précédé l'éclat du Nobel. En 1900, il fait déjà l'objet d'une biographie, la première d'une longue série, une épreuve pour celui qui tient le genre pour du cannibalisme supérieur.

Au moment où l'Angleterre déclare la guerre à l'Allemagne, Kipling a quarante-neuf ans. Ses titres à lui ne sont pas titres de courtoisie : *Le livre de la jungle*, *Kim*, *Trois hommes de troupe*, *Les sept mers*, *Le fantôme Rickshaw*... Difficile de mesurer aujourd'hui la gloire d'un Dickens, ou celle d'un Kipling à l'époque. Si profondes, si durables. L'humanité de leurs lecteurs se déplace en masse pour les accueillir au port à leur retour de voyage au-delà de l'Atlantique ; elle guette les publications de leurs textes en feuilletons par les gazettes dans une poussée de fièvre inimaginable. Ce ne sont pas des rois mais des empereurs ; leur influence est d'autant plus forte qu'ils ne jouent pas de leur pouvoir sur les consciences pour se faire maîtres à penser ou idéologues. Ils n'entrent pas en politique, restent à leur place et ne s'engagent à titre personnel que lorsqu'il leur paraît indigne de ne pas le faire.

Quand, comme John, on porte aussi le nom de Kipling, comment exister dans l'ombre d'un homme accablé d'honneurs ? En faisant un pas de côté. Au collège, il répondait toujours non quand on lui demandait s'il avait lu les livres de son père. *Capitaines courageux* est plus accessible qu'Hegel, mais là n'est pas la question. Du grand écrivain, John n'hérite ni génie ni talent. Que le nom des Kipling et une très forte myopie. Depuis son adolescence, il sait que pour cette raison-là, la carrière des armes lui est en principe interdite. Or, du jour même de sa naissance, son père le destine à être officier de marine ; il l'écrit et le dit à ses amis, et n'a de cesse de rappeler son fils au devoir qu'il lui a fixé. Il dissimule mal son bonheur quand John prend plaisir à participer aux entraînements paramilitaires et aux jeux de guerre du collège.

Ses rêves de voir John devenir marin au long cours s'effondrent brutalement un jour de conseil de révision. Malgré le pince-nez qu'il l'a poussé à porter à la place de ses épaisses lunettes pour gruger les examinateurs, les médecins de la Navy sont inflexibles — et insensibles à l'idée d'accueillir un nom si prestigieux dans leurs rangs. Comment un fils rigoureusement éduqué dans une perspective aussi rectiligne n'aurait-il pas après cela le sentiment de décevoir son père au-delà de tout ?

Ce n'est plus dès lors un destin auquel il est promis mais un *fatum* qu'il doit assumer. Décevoir... Quoi de plus commun, banal et galvaudé que ce mot alors qu'il recouvre des sentiments d'une intensité exceptionnelle. De combien d'échecs et de douleurs est-il responsable, de combien de morts volontaires...

La guerre est là. Elle décide pour lui. Il faut en être car tout le monde en est. Cela n'est pas discutable. D'autant que son père se fend d'un appel aux armes publié le 1ᵉʳ septembre dans *The Times* sous un titre bien senti, « Pour la patrie et pour ses enfants ».

L'héroïsme, le courage et autres vertus ne s'accommodent pas de 6/36 de vision à chaque œil, du moins en temps de guerre. Kipling sait bien qu'il n'est pas de pire handicap pour un soldat que de ne pas voir clair au-delà de quelques mètres. Sur le tableau de l'ophtalmologiste, même muni de ses verres de correction, John déchiffre laborieusement la deuxième ligne. Il voit mais ne distingue pas. Qu'en sera-t-il lorsqu'il se retrouvera en première ligne ? La question ne se pose même pas. De toute façon, on ne discute pas avec un père qui adore son fils en ce sens qu'il s'obsède de son éducation. Sa manière à lui de l'aimer. Lui assigner un grand dessein de la naissance à la mort et tout faire pour qu'il se tienne à cette mission. Car Kipling n'est jamais sorti de l'univers de l'enfance et du monde de l'école. Règles, règlement, discipline.

Plus tard, les héritières de l'écrivain n'auront de cesse de garder par-devers elles, quand elles ne les censuraient par la destruction, celles de ses lettres qui auraient pu jeter le moindre doute sur la force de ses sentiments pour ses enfants. Quelle énergie dans le mensonge alors qu'il est tellement plus simple de reconnaître qu'on peut aimer à la folie et aimer mal.

De combien d'hésitations est faite une décision quand elle engage un autre destin que le sien ? Le père est conscient du danger supérieur que court son fils mais n'imagine pas un instant que le fils de Kipling se planque quand tous ses camarades sont au feu pour le salut d'une certaine idée de l'Europe ; le fils sait mieux que quiconque ses insuffisances mais ne conçoit pas de demeurer à l'arrière quand l'emballement de l'Histoire et la folie des hommes lui donnent enfin l'occasion d'exister aux yeux de celui qui a signé « le » poème.

Combien d'Anglais entendent « prophète » quand est évoqué le « poète » ?

Des poèmes, Kipling en a écrit beaucoup. Un en particulier, le plus universellement traduit, connu, adulé. Cette longue phrase d'une seule coulée est le bréviaire des pères et des fils un peu partout dans le monde, rien de moins. John peut s'en considérer à juste titre comme une manière de copropriétaire : il en est le destinataire. Son nom n'y apparaît pas, mais sa qualité en est le seul sujet. Même si en réalité le personnage glorieux de sir Leander Starr Jameson, héros de l'unité sud-africaine, en est le secret inspirateur.

André Maurois, à qui rien de l'âme anglaise ne devait échapper, le transposa en français en 1918 et l'inclut dans son volume *Les silences du colonel Bramble*. Une traduction un peu datée, qui tient justement son charme de sa patine.

Si...

Si tu peux voir détruit l'ouvrage de ta vie
Et sans dire un seul mot te mettre à rebâtir,
Ou perdre d'un seul coup le gain de cent parties
Sans un geste et sans un soupir ;

Si tu peux être amant sans être fou d'amour,
Si tu peux être fort sans cesser d'être tendre
Et, te sentant haï, sans haïr à ton tour,
Pourtant lutter et te défendre ;

Si tu peux supporter d'entendre tes paroles
Travesties par des gueux pour exciter des sots,

Et d'entendre mentir sur toi leurs bouches folles
Sans mentir toi-même d'un seul mot ;

Si tu peux rester digne en étant populaire,
Si tu peux rester peuple en conseillant les rois
Et si tu peux aimer tous tes amis en frère
Sans qu'aucun d'eux soit tout pour toi ;

Si tu sais méditer, observer et connaître
Sans jamais devenir sceptique ou destructeur,
Rêver, mais sans laisser le rêve être ton maître,
Penser sans n'être qu'un penseur ;

Si tu peux être dur sans jamais être en rage,
Si tu peux être brave et jamais imprudent,
Si tu sais être bon, si tu sais être sage
Sans être moral ni pédant ;

Si tu peux rencontrer Triomphe après Défaite
Et recevoir ces deux menteurs d'un même front,
Si tu peux conserver ton courage et ta tête
Quand tous les autres les perdront,

Alors les Rois, les Dieux, la Chance et la Victoire
Seront à tout jamais tes esclaves soumis
Et, ce qui vaut bien mieux que les Rois et la Gloire,
Tu seras un homme, mon fils.

Comment John Kipling ne peut-il se sentir, là, désigné aux yeux du monde ? Son père eût-il voulu prendre l'humanité à témoin de ce qu'il attend de lui qu'il n'aurait pas agi autrement. Pour le fils de l'icône impériale, le moment est venu de gouverner sa vie, lui qui n'oubliera jamais son extrême embarras quand son père vint un jour

à son collège, et en sa présence, prononcer une conférence sur les usages de la lecture.

En août 1914, « le » poème lui brûle les doigts ; il le
relit comme une injonction à se battre et mourir peut-
être. Un talisman peut se métamorphoser en explosif.
On parle toujours de ceux qui meurent pour un drapeau
ou un hymne patriotique, jamais d'un maître admiré,
d'un livre longtemps ruminé ou d'un éditorial pris à la
lettre. Que dire alors d'une poignée de vers jetés au-
dessus de nos têtes en une pluie d'étoiles. Ou même
d'un mot, épanaphore des plus brèves, deux lettres à
peine, mais si puissantes par leur capacité d'entraînement qu'elles suffisent à faire basculer un destin.

« *If...* »

Côte à côte à l'arrière de la « Duchess », le père et le
fils vont de bureau de recrutement en bureau de recrutement. Ils iront jusqu'à solliciter les régiments les moins
exigeants sur les capacités physiques des recrues. Nul ne
juge John apte à défendre le drapeau, vérité inaudible
pour le grand Kipling. Le fils ne sait plus quoi tenter
pour exister sous le regard de son père, et que sa honte
muette se mue en fierté retrouvée. Il tente sa chance
encore et encore dans l'espoir tenace de se faire enrôler
mais se fait jeter de partout ; la pression des événements
a provisoirement congédié les manières.

Grâce à l'intercession du Field Marshal lord Roberts,
John Kipling obtient enfin le passe-droit espéré. Cet ami
de son père, et davantage encore puisqu'il est le héros
d'un de ses livres, obligeamment sollicité par la famille,

l'intègre malgré tout dans le régiment des Irish Guards dont il assure le commandement. Et c'est ainsi que pendant quelques mois le garçon fait ses classes dans l'Essex sous le regard fier et inquiet de ses parents. Les Irish Guards ! Que de fierté ravalée pour l'orgueilleux Kipling surtout quand on sait le mépris que son œuvre ne cesse de témoigner à l'endroit des Irlandais... Ils le lui rendent bien : leurs universités furent les seules à ne pas le magnifier *honoris causa*.

La promiscuité des armées tourmente moins le fils que le père. Trois ans avant, quand il lui écrivait au collège, il le mettait en garde contre ces relations contre nature que l'internat favorise. Sous sa plume, il était question non pas d'homosexualité mais de « bestialité » ; le nom de code désignait ces garçons dont les mérites athlétiques ne devaient pas masquer qu'ils ne cherchent au fond que la mêlée, et que toute amitié et même tout contact avec eux s'achève toujours dans la tristesse et la honte. Kipling parle d'or, lui qui était amoureux de son frère Wolcott avant d'épouser Carrie Balestier.

À l'inquiétude se substitue vite l'angoisse. Les nouvelles du front sont déjà terribles, les pertes énormes. Kipling traduit cela à sa manière en écrivant à sa fille Elsie que, de tous les jeunes gens avec lesquels elle a dansé à son dernier grand bal de la saison, il n'en est pas un qui ne soit mort ou blessé. Mais il ne se contente pas d'une vaine déploration. Ni de visites de réconfort aux réfugiés belges et aux soldats blessés.

Accablé par la neutralité de Washington, Kipling se confie à lui-même une mission de propagande : éclairer les esprits américains sur les tenants et les aboutissants de cette guerre qui les concerne. Et dire que le président des États-Unis, héraut convaincu de l'absence de son pays dans le conflit, ne jure que par « le » poème du Maître... Pis encore : c'est dans la relecture compulsive de *If...* que Woodrow Wilson puise l'énergie de ses convictions pacifistes. Jusqu'en avril 1917, date de l'entrée en guerre des États-Unis contre l'Allemagne, Kipling aura donc tout le loisir de méditer sur l'interprétation d'une œuvre d'art, et ses effets pervers.

Innombrables aussi sont les soldats britanniques qui ont glissé le poème dans leur portefeuille comme un talisman ! Si seulement ils savaient que juste en face, dans les lignes ennemies, des soldats allemands cachent au fond de leur sac *Le chant de l'amour et de la mort du cornette Christophe Rilke*. Juste une mince plaquette mais qui a force de bréviaire. On dit que nombre d'entre eux le chantent en rejoignant le front :

> *Chevaucher. Chevaucher, le jour, la nuit, le jour.*
> *Chevaucher, chevaucher, chevaucher.*

Et le cœur est si las et la nostalgie si grande. Il n'y a plus de montagnes, à peine un arbre. Rien ne se hasarde à se mettre droit. Des cabanes étrangères s'accroupissent assoiffées auprès de fontaines devenues fangeuses. Nulle part une tour. Et toujours le même tableau. On a deux yeux en trop. Ce n'est que la nuit, parfois, qu'on croit connaître le chemin. Peut-être toutes les nuits refaisons-nous dans l'autre sens le bout de parcours que sous le soleil étranger nous avons gagné à grand-peine ? C'est possible. Le soleil est lourd, comme chez

nous au plus fort de l'été. Mais c'est en été que nous avons
fait nos adieux. Les robes des femmes ont longtemps resplendi
sur la verdure. Et voilà longtemps que nous chevauchons.
C'est donc sans doute l'automne. Du moins là-bas, où des
femmes tristes nous connaissent [1]*...*

Rainer Maria Rilke a écrit ce poème d'un trait à vingt-quatre ans après la découverte de papiers de famille. Un jeune porte-étendard d'une compagnie de cavalerie y fait l'expérience de l'amour et de la mort en un jour et une nuit. On tient le poème pour angélique quand c'est un chant lyrique sur la mort martiale. Cent quarante mille exemplaires en langue allemande furent vendus entre 1914 et 1919.

Poème contre poème.

If ...

Sur les photos de régiment, John est le seul à porter des lunettes. Quand le soleil est de la partie, il a le regard aveugle. À l'été 1915, la guerre des tranchées transforme des hommes debout en hommes de boue. Ils n'ont pas besoin, pas encore, que leur chef envoie des ballons de football en direction de l'ennemi pour les inciter à s'élancer hors de leur rempart, comme le fera un an après le capitaine Neville — qui fut d'ailleurs le premier tué lors de cet assaut. Le 27 septembre, les soldats se rendront à la troisième bataille d'Artois comme on va à la parade. Droit devant sans se retourner. Le corps expéditionnaire britannique est haché menu par les mitrailleuses

---

1. Traduction de Maurice Régnaut pour la « Bibliothèque de la Pléiade ».

allemandes. Un carnage. Vingt mille morts de son côté.

La bataille de Loos est la première et la dernière à laquelle participe le lieutenant John Kipling. Revolver à la main, il part à l'assaut à la tête de sa section. Après on ne sait rien. Quand les Britanniques battent en retraite, il manque à l'appel.

« Blessé et disparu. » C'est ce que dit le télégramme du 2 octobre. Kipling, qui préfère s'en tenir à la lettre plutôt qu'à l'esprit, tonne aussitôt contre un journal lorsque celui-ci annonce que son fils est « présumé mort ». Des semaines et des mois durant, l'écrivain interroge ses camarades de régiment de retour du front, met à contribution ses relations parmi les diplomates, sollicite la Croix-Rouge. Il explore la moindre piste même si le plus souvent le moindre bruit est une fausse piste. Certains parlent d'une balle dans la tête, puis de la moitié du visage arrachée au passage d'un obus. D'autres disent que John est soigné dans un hôpital allemand, ou peut-être interné dans un camp de prisonniers, ou tout simplement recueilli par des paysans du coin. Et pourquoi pas déserteur... Mais pas mort. Surtout pas.

Ni mort ni vivant. Kipling, l'homme qui a inventé tant de mondes, découvre cet incertain outre-monde où l'on est entre deux. Les autres ont compris. Dans le courrier du matin, des messages de condoléances en pointillé côtoient les bouffées de haine mêlée de jubilation de ceux qui lui reprochaient son bellicisme ; parmi ces derniers, il en est pour lui signifier qu'il n'a que ce qu'il mérite, qu'il gardera la mort de son fils sur sa conscience et la mort de tous les autres fils du Royaume-Uni. Les proches se manifestent, de lointains parents, des étrangers et de nombreux lecteurs.

La bataille de Loos était une absurdité. Elle ne pouvait mener qu'à un désastre. Le général Haig en est le responsable, coupable et criminel dans la façon dont il a conduit les opérations. Kipling l'accable, voudrait le traiter de « boucher » mais sait pertinemment que cela ne lui ramènera pas son fils. Comment renoncer à croire que John est encore en vie ? Ce serait l'abandonner. Cette seule pensée lui est intolérable. Mais trop d'éléments complotent contre ce mince filet d'espoir auquel les Kipling se raccrochent. Ils se déshonoreraient à leurs yeux et aux yeux du monde s'ils cessaient d'y croire. Tant qu'on ne leur apportera pas la preuve de la mort de John, ils guetteront son retour. C'est une folie mais ils la lui doivent. « Folie » est le mot qui convient. Dans *Souvenirs de France,* évoquant une femme qui recherche désespérément le corps de son mari, Kipling n'écrit-il pas : « ... une folle, évidemment. »

Ne plus croire au retour de John revient à l'achever. Rien ne mine les caractères les mieux trempés que de ne pas savoir. Il y a là de quoi hanter les heures d'un individu doté d'une conscience et d'une mémoire jusqu'à la consommation de tous ses jours et de toutes ses nuits. L'attente est une torture en ce qu'elle nous asservit à son idée fixe, faisant de nous un animal aux aguets du plus médiocre signe, à l'écoute du plus misérable bruit. Seul Proust, dans *À l'ombre des jeunes filles en fleurs,* osa tracer, sans que jamais cela parût indécent, le parallèle entre l'attente des êtres qui nous ont déserté quand ils ne nous aiment plus, et celle des disparus dont on est sans nouvelles contre leur gré. La seule pensée d'un bonheur imaginaire rend parfois supportable la ruine d'un bonheur réel.

« Des mères dont le fils est parti en mer pour une exploration dangereuse se figurent à toute minute et alors que la certitude qu'il a péri est acquise depuis longtemps qu'il va entrer, miraculeusement sauvé, et bien portant. Et cette attente, selon la force du souvenir et la résistance des organes, ou bien leur permet de traverser les années au bout desquelles elles supporteront que leur fils ne soit plus, d'oublier peu à peu et de survivre — ou bien les fait mourir », écrit Proust.

John Kipling, dix-huit ans à peine.

If...

Kipling fait face. Dans le même temps il perd la face. Le choc moral se répercute sur le corps et Kipling n'est plus qu'ulcères et gastrites jusqu'à une attaque de paralysie faciale partielle. Les Anglais ont inventé le mot *shellshock* pour exprimer le traumatisme aussi bien physique que psychique de ce genre de mal. Plus que jamais, Carrie Kipling organise un cordon sanitaire autour de son mari. Mais en le protégeant ainsi des miasmes du monde elle l'asphyxie. À Astopovo, Sophie Tolstoï en avait fait autant avec Léon Tolstoï. Jusqu'à la folie. Peu avant de mourir, le grand écrivain russe prendra finalement la fuite, expérience qu'il vivra comme une délivrance.

Comment Kipling ne se sentirait-il pas coupable ?

Carrie se dit même intimement persuadée que si John est prisonnier, les Allemands lui réserveront le pire des traitements lorsqu'ils sauront de quel grand homme il est le fils. Coupable d'avoir envoyé au combat celui qu'il savait être le dernier des soldats. Coupable de l'avoir écrasé de son ombre pendant tant d'années. Coupable d'avoir écrit « le » poème qui a gouverné et engagé sa vie. Coupable d'être ce qu'il est tout simplement. Le fils manque de caractère sinon de personnalité — le père en a pour deux.

Pour contourner un peu sa souffrance, Kipling fait maintenant de sa culpabilité une affaire collective. Son poème « Les enfants » est truffé de « nous ». Un acte d'accusation et de flagellation implacable (« Ils nous crurent et en périrent ») jusqu'à sa chute :

> *... Il nous faudra rendre des comptes.*
> *Mais qui nous rendra nos enfants ?*

Sa responsabilité de père y est diluée dans celle des autres. On eût tant préféré un « nous » de majesté quand c'est encore une fois ce même « nous » coupable qui revient dans les *Épitaphes de la guerre* :

> *... S'ils veulent savoir pourquoi nous avons péri,*
> *Dites-leur : c'est parce que nos pères ont menti ...*

À vingt ans, je suis allé vivre dans un pays en guerre parce qu'à vingt ans mon père était parti à la guerre. L'un comme l'autre volontaires. Lui ne m'avait pas menti. Il avait peur pour moi mais son regard à l'aéroport disait sa fierté muette, lueur du même éclat discret que la mienne lorsque j'évoquai son engagement d'autrefois. Se tenait-il pour responsable ? Certainement, comme tous les parents, d'une manière ou d'une autre, certains plus confusément que d'autres. Même si à vingt ans on est « achevé d'imprimer ».

Le jour de Noël 1915, pour la première fois de l'histoire de leur famille, les Kipling ne se remettent pas de cadeaux. Pas davantage l'année suivante aux anniversaires. Le cœur n'y est plus. La tête pas davantage.

En société, Kipling tâche tant bien que mal de jouer son rôle. Il sait ce qu'on attend de lui. Qu'il s'avoue dans la même situation que tant d'autres pères de famille anglais. Qu'il admette qu'il n'est pas le seul. Les larmes ignorent les classes sociales. En Angleterre, la ségrégation résiste à tout sauf à cela. On peut pleurer ensemble sans que cela choque.

La vocation d'un père n'est pas d'ensevelir son fils.

If...

« Mort pour son pays. » Lui demande-t-on une épitaphe pour une tombe de soldat, il répond que la plus simple et la plus évidente suffit. Nul besoin d'en rajouter. Kipling n'en démord pas. Prière de ne pas déposer de lyrisme sur les hommes. Ils ont assez souffert. N'ont pas mérité cela.

Quand, en mai 1917, on lui demande un vers de sept mots pour honorer un compatriote tombé les armes à la main, il fléchit pour la première fois. Un premier vers suivi de beaucoup d'autres. Un complot bienveillant veut le faire entrer à la Commission impériale pour les sépultures de guerre. On lui propose d'être l'un des huit membres fondateurs nommés par George V. Il pourrait décliner, lui qui a refusé tant d'autres cadeaux tout aussi royaux.

Il pourrait encore refuser mais cette fois il accepte.

On attend de lui que, dans cette Commission, il agisse en poète mais aussi en homme d'action. Visiter les cimetières en France, arpenter les champs de bataille, exhumer des cadavres, faire identifier les inconnus, envoyer des pierres tombales par centaines, fournir des stèles par milliers, procurer des croix du Sacrifice et des pierres du Souvenir, désigner des architectes, contribuer à une littérature de propagande, prononcer des discours, participer à des réunions publiques.

En deux mots, enterrer et commémorer.

C'est le roi en personne qui vainc les dernières réticences d'un écrivain vacillant entre le pessimisme de la raison et l'optimisme de la volonté. Kipling accepte finalement d'écrire des épitaphes parce qu'après tout nul n'est mieux placé que lui pour s'en acquitter ; il accepte d'emmener une délégation sur place car il connaît la France et aime les Français dont il parle couramment la langue ; il accepte de mettre son nom au service de cette cause car il n'en est pas de plus noble ; il accepte car c'est sa manière d'aider son pays ; il accepte car ce serait indigne de refuser.

Il accepte tout dans l'illusion secrète et dérisoire de retrouver un signe de son fils. Juste de quoi le mettre sur la trace de son corps. Pourtant, deux ans après, on vient juste de lui confirmer officiellement le décès de son fils.

Après Joséphine, John. L'aînée adulée, le fils trop chargé. Deux enfants morts sur trois. Que peut-il bien

arriver d'autre ? Après, plus rien. Reste alors à reconstruire son monde sans eux.

Même dans des temps aussi difficiles, la politique
reprend ses droits, mais dans ce qu'elle a de plus sor-
dide. De quoi raviver la défiance de Kipling à l'endroit
de ceux qui en font métier. Dès son installation au sein
de la Commission, il ne fait pas mystère de ses chevaux
de bataille. Le premier ne pose pas de problème : les
pierres tombales devront différer légèrement en fonction
des régiments afin que les camarades de combat restent
unis dans la mort comme dans la vie. Le second en
revanche déclenche d'âpres polémiques : c'est le principe de l'« égalité de traitement ». Car deux écoles s'affrontent sur le sujet, l'une voulant autoriser les parents
les plus aisés à offrir une sépulture richement ornée à
leur défunt, l'autre plaidant pour l'uniformité sans distinction d'origine sociale.

À égalité de sacrifice, égalité de chagrin. À égalité de
chagrin, égalité de traitement. Telle est la philosophie de
Kipling, qui repose sur une ancienne tradition de la
noblesse anglaise selon laquelle un soldat doit être enterré
le plus près possible du lieu où il est tombé. Officiers supérieurs et simples soldats côte à côte. Que le repos de l'âme
puisse être associé avec tant de cynisme à une question de
compte en banque lui paraît être d'une obscénité absolue.
Comme si les privilèges avaient encore droit de cité face à
une telle mort, alors que cette mort-là, plus que toute
autre, rend les hommes vraiment égaux devant Dieu ! Fal-
lait-il que le spectacle funéraire reprît le dessus pour réta-
blir une distinction sociale entre toutes ces silhouettes ?

Qu'un tel écrivain se fasse l'avocat d'un tel parti ne
devrait pas étonner. La postérité le campe dans l'inflexi-
bilité coloniale avec les racismes qui lui font cortège, et
le fige dans son aversion pour la démocratie, l'ultra de
son conservatisme et son intolérance en toutes choses.
À la seule évocation du nom de Kipling, quand certains
verront accourir les ombres familières de l'ours Baloo,
de la panthère Bagheera et du petit Mowgli, d'autres se
diront encore accablés par sa dénonciation des « races
inférieures et sans Loi » du poème *Recessional* par
exemple, pour ne citer que celui-ci. Pourtant, son
combat pour l'égalité de traitement de tous les Britanniques morts au combat correspond bien à l'universalité
tant de sa prose que de sa poésie. Des rares à trans-
cender nationalités, classes, cultures, races, religions et
générations.

Tous morts *pour la même cause.* Kipling n'a de cesse
de le marteler. L'affaire est même portée à la chambre
des Communes. Il n'assiste pas aux débats mais les
échos qu'on lui en rapporte sont houleux. Un député se
fait le défenseur de l'inégalité de traitement au motif
que sa famille a laissé cinq garçons au champ d'honneur. Il ne se contente pas d'exiger des tombes plus
conformes à leur qualité et à leur hérédité (on n'ose
dire : à leur place dans le monde) ; il n'admet pas non
plus le caractère œcuménique des services religieux et
récuse même la présence de l'écrivain au sein de la
Commission. Comment peut-on confier à un homme
aussi peu connu pour son engagement spirituel le soin
de choisir dans L'Ecclésiaste l'inscription gravée sur la

pierre du souvenir dans les cimetières de plus de quatre cents tombes : « Leur nom vivra à jamais » ?

Kipling a trouvé plus réactionnaire que lui. Qu'importe puisqu'il triomphe finalement. Seuls l'emblème du régiment et le symbole religieux distinguent les tombes, avec le nom, l'âge et les décorations bien sûr. Rien de nature à déranger l'ordre, l'harmonie et l'égalité. Toutes stèles à l'unisson. Fidèle à sa réputation, l'Angleterre envoie en France ses jardiniers et se découvre une extension inattendue outre-mer dans les mille trois cent cinquante-deux cimetières de la Grande Guerre qu'elle entretient désormais dans quelques régions de France.

Kipling sur le champ de bataille est un peintre dans le motif. *Personnage de père dévasté dans un panorama de cris étouffés :* tel pourrait être le titre. À partir de 1918, il passe de longs mois à errer aux confins de paysages hirsutes dans le nord et l'est de la France. Le temps presse. Des champs d'honneur redeviennent des champs de blé. Une tombe isolée risque d'être labourée puis ensemencée par un paysan confus de sa profanation. Les trous d'obus ont formé tellement de tombes naturelles qu'il ne reste qu'à croiser les mains sur la poitrine des soldats avant de jeter les premières pelletées. Beaucoup, ainsi, n'ont eu droit qu'à un linceul de boue sous un ciel de suie.

Kipling a lu Hérodote. Mais comme on aimerait recueillir la réaction du belliciste qu'il fut à ces mots de *L'Enquête* : « Personne n'est assez fou pour préférer la guerre à la paix : dans la paix, les fils ensevelissent leur père ; dans la guerre, les pères ensevelissent leurs fils. »

Il n'a pas lu qu'Hérodote : les frères Tharaud aussi. Nul doute que Kipling a eu entre les mains leur *Dingley, l'illustre écrivain,* dénonciation en règle de l'égoïsme de l'Angleterre, et que ce texte étrangement visionnaire revient désormais le hanter. Publié en 1902 sous la direction éditoriale de Charles Péguy, réédité dans une version augmentée en 1906 à l'intention du jury Goncourt, qui ne manque pas de le couronner, c'est un roman à clefs qui fournit le trousseau. Tout lecteur un tant soit peu avisé comprend que Kipling *est* Dingley. Ce n'est pas le récit de sa vie mais celui d'un seul de ses instants : celui où, pendant la guerre des Boers, Dingley se fait le plus inflexible des bellicistes, muré comme jamais dans son orgueil nationaliste et ses certitudes impériales. Retour des combats du Transvaal, il assiste à l'agonie de son jeune fils tombé malade en son absence : sa vie ne dépend plus que d'« un petit rien » malgré les histoires extraordinaires que son père raconte à son chevet. Inconsolé de la mort du petit Archie, s'enfonçant dans une morne indifférence, un à-quoi-bon qui désarme toutes ses énergies, Dingley ne croit plus en rien. Un grand homme à la dérive se confond avec un petit homme à son ordinaire. Si les Tharaud ont pu apprendre que Kipling avait perdu sa fille, il est en revanche impossible qu'ils aient su à quel point cela l'avait affecté tant il était secret :

« C'est un événement bien mince et qui ne bouleverse rien dans le monde que la mort d'un enfant... Dingley avait rassemblé sur la tête d'un petit être né de lui toutes les tendresses de son cœur. Il pénétra dans ces régions

illimitées de la douleur, où l'imbécile et l'homme de
génie ne se distinguent plus », écrivent Jean et Jérôme
Tharaud. Ils ont tout vu et tout compris de lui, tout
senti et tout pressenti de ses ténèbres intérieures, trois
ans après la mort de Joséphine et treize ans avant celle
de John.

Kipling avait la haine des biographes, de leur curiosité
et de leur indiscrétion. Seuls quelques romanciers l'ont
mis à nu. On ne se méfie jamais assez de ses semblables.
Ceux-là ont vu les premiers que, chez Kipling, les exigences de l'écriture primaient tellement sur le reste
qu'elles en avaient asséché son cœur.

Pour la mort plus encore que pour la vie, les mœurs
nationales reprennent vite le dessus. Chacun ses traditions. Les Britanniques creusent aussi des fosses communes mais n'y enterrent pas plus de six corps tête bêche.
Le soldat inconnu y est déclaré « inconnu » pour les Français comme pour les Allemands (« *Unbekannte* »), mais
pour les Britanniques il est « *Known but to God* » ou
« *Known unto God* » (connu de Dieu seul).

Belle épitaphe pour désigner celui que le dentiste n'a
pas réussi à identifier.

Kipling sillonne le Pas-de-Calais dans sa « Duchess »
tel un général de l'armée morte. Son fils est partout et
nulle part, mais le corps manque toujours. Pas de corps,
pas de tombe. Rien sur quoi fixer sa peine. Pas de pierre
où s'accouder entre les prières. Comme si John Kipling
n'avait jamais existé et qu'il ne s'était jamais rien passé.
Un non-lieu.

Un vers d'Apollinaire dit que cette guerre a repoussé l'art de l'invisibilité au-delà des limites. Kipling est malade de ne rien *voir* de son fils. Pas même un mouchoir taché de sang. Pas le moindre morceau de lui.

Près d'un million de soldats venus de Grande-Bretagne, de ses colonies et de ses dominions sont morts entre 1914 et 1918. Y compris les dizaines de milliers de ces « connus de Dieu seul » qui forment l'armée des invisibles.

Kipling en tête, les soldats mobilisés par la Commission ratissent les champs par vagues. Ils scrutent du regard et sondent du manche de pioche. Il est prévenu chaque fois que des corps de soldats britanniques, par dizaines sinon par centaines, sont inhumés en Artois ! Autant de fausses pistes, comme ces informations en provenance des régions non occupées d'Allemagne où sont signalés des cadavres de prisonniers britanniques.

Une photographie prise lors du « pèlerinage du roi » montre Kipling en col cassé et haut-de-forme faisant les honneurs des champs de bataille à George V en grand uniforme de chef de guerre. Il a juste eu le temps de garer sa « Duchess » dans une cour de ferme pour revêtir son *morning dress* chez un paysan du coin. Une pompe adaptée aux circonstances. Discours de l'un, poème de l'autre. Nul ne doit savoir que l'écrivain est l'auteur des discours du roi, celui-ci et d'autres encore. Puis la flottille de Rolls appareille vers d'autres grands cimetières sous la lune. Rien de si magnifique, se souvient l'épistolier.

Ils pourraient croiser Edith Wharton. L'écrivain américain sillonne la France au même moment dans sa puis-sante Panhard conduite par un chauffeur. Elle aussi s'est dépensée sans compter en actions philanthropiques pour aider la France en guerre. Elle écrira *Un fils sur le front,* roman sur la souffrance d'un père qui découvre son fils quand celui-ci se bat.

Mais, à cette époque, il n'y a pas que sur les routes que l'on croise de distingués gens de lettres ; au fond des tombes aussi. Nombreux sont en effet les poètes britanniques qui y reposent. Capitaine Julian HE Grenfell à Boulogne. Soldat Isaac Rosenberg à Saint-Laurent-Blangy. Lieutenant-colonel John Mac Crae à Wimereux. Raymond Asquith et Edward Tennant à Guillemont. Sergent Leslie Coulson à Méaulte. Et Wilfred Owen, tombé à vingt-cinq ans la veille de l'armistice — sur ses vers Benjamin Britten composera son *War Requiem.*

Franc-maçon depuis sa jeunesse indienne, Kipling crée pour les membres de sa commission une loge qu'il intitule « Constructeurs des cités silencieuses ».

Le cimetière militaire n'est pas qu'une ville fantôme où l'horticulture se met au service de la quête d'éternité. On peut aussi y voir une caserne à ciel ouvert. Toute une armée s'y tient au garde-à-vous en position couchée, un pas de distance, deux pas d'intervalle. Le soldat y repose encore ès qualités sous les drapeaux. L'en sortir pour le démobiliser enfin.

La nuit, des pères de famille hantent les lieux. On ferme les yeux sur ces promeneurs des ossuaires. Ils viennent clandestinement déterrer les corps de leurs fils pour les ramener dans le caveau familial. On croirait des voleurs de pommes. Ils sont pourtant de la race des pères qui seraient prêts à prendre la place de leurs enfants pour les rendre à la vie. Ces retrouvailles sont illégales. Il faut attendre un décret du mois de septembre 1920 pour que ces hommes cessent de reprendre leur bien dans la honte en se cachant la nuit.

Dans ses Mémoires, Kipling n'évoque aucun des deux enfants qu'il a perdus. *Quelques mots sur moi* est de toute façon une provocation à l'endroit de l'autobiographie. Juste le récit d'une vie de travail à l'exclusion du facteur humain. Une vie à lire et écrire mais pas à aimer et pleurer, ni à rire ou rêver, ou à dormir et mourir peut-être... L'idée de partager le moindre sentiment personnel avec le public le révulse. Qu'importe la maladie ou la guerre, on ne livre pas sa part d'ombre, on ne dévoile pas ses sentiments intimes, quand bien même aurait-on l'âme dévastée. Nul ne le verra s'abîmer en désolation. Cette douleur-là ne se partage pas. Tenir, se tenir, s'y tenir.

L'écrivain a déjà tout subi et tout entendu dans l'ordre de la critique et de l'insulte. Écoutons-les : vous, le gardien des vertus nationales, qu'en avez-vous fait ? Gloire, panache, brutalité. Vous, l'inspirateur de la jeunesse, que lui avez-vous dit ? Obéissance, soumission, discipline. Mais à partir de 1926, date de la publication de *Dettes et créances*, s'opère un virage. Ce n'est plus son intolérance en toutes choses que lui opposent ses détracteurs, c'est plutôt son manque d'humanité.

Un créateur se cuirasse d'égoïsmes. Mais son enfant lui est ravi et le métal se liquéfie. Rien ne résiste à une telle souffrance, à moins d'être inhumain. On ne perd pas un enfant : on se retrouve amputé d'une partie vitale de soi. « C'est terrible de voir l'œuvre de tant d'années réduite à néant en une après-midi », écrit Kipling dans sa correspondance. Dans ces moments de solitude, quand il s'entrouvre au détour d'une lettre à un ami, il n'est plus l'icône impériale, ni la quintessence de l'Angleterre immémoriale, ni le vice-roi des Lettres. Il est le frère en souffrance du comte Moïse de Camondo, inconsolé de la mort de son fils Nissim en combat aérien. Juste deux pères parmi beaucoup d'autres écrasés d'un même chagrin muet.

C'est étrange mais plus d'un demi-siècle plus tard un homme a exprimé devant moi une pensée similaire à celle de Kipling. C'était un dimanche matin dans une rue de Clichy, près de Paris. Une visite de famille. En fermant la porte de sa voiture, le regard soudainement perdu dans le vague, il s'est accoudé au toit et a murmuré : « C'est comme si on avait fait pousser un arbre pendant des années et qu'une tempête le déracinait puis l'emportait d'un coup. »

J'ai connu un père aimant et attentif dont la vie fut brisée le jour de la mort de son fils aîné. J'ai connu un grand-père impérieux et inflexible qui n'était plus que larmes, abandon et désarroi le jour où l'on mit en terre le fils de son fils.

Les miens.

En 1914, Kipling était entré dans l'épreuve de la guerre plein de perplexité, d'angoisse et de résignation :

il en ressort pétri d'amertume, de mépris et de haine. Les mots ne sont pas trop forts. Amertume de celui dont les mises en garde prophétiques sur le déclin de la nation, la fin annoncée de son ancienne splendeur, sont restées lettres mortes. Mépris des princes qui nous gouvernent : il n'est rien de plus bas qu'un politicien anglais en temps de paix sinon le même animal en temps de guerre, note-t-il quelque part. La haine enfin. Une haine viscérale, absolue et irréductible des Allemands.

Sa logique est étrangère à celle des crimes contre l'humanité. À ses yeux le monde se divise en deux catégories. Non pas les Anglais et leur cheval d'un côté, et le reste de l'autre. Mais plutôt les êtres humains et les Allemands. Quand il consent à écrire le mot même d'« Allemand » ! Et quand son consentement inclut, avec le mal que l'on imagine, l'apposition de la majuscule. Généralement, il les désigne plutôt comme des « Huns », des « Teutons » voire, les bons jours, des « incarnations du diable ». Sa haine des Allemands est inversement proportionnelle à sa passion des Français. Il a rencontré la France pour la première fois à l'occasion de l'Exposition universelle de 1878. Il tenait encore la main de son père. Sa francophilie sentimentale ne s'est jamais démentie depuis. D'autant que la France est désormais et pour l'éternité la terre de son fils.

De tous les Français, les Alsaciens et les Lorrains sont ses préférés. Ceux avec lesquels il se sent une vraie solidarité. Le général Taufflieb, gouverneur de l'Alsace, devient même l'un de ses amis. Ils se reçoivent et partent en vacances ensemble. Leur amitié est scellée en 1919 quand l'officier l'emmène visiter Verdun comme on fait le tour du propriétaire. Le fantôme de John erre partout dans la France des champs de bataille. Sa silhouette hante les cimetières militaires, son nom les plaques commémoratives, son âme toute évocation de la guerre.

Comment ne pas songer au titre de sa nouvelle *Dans la cité des morts*, et au proverbe indigène placé en épigraphe : « Mort ou vivant, il n'y a pas d'autre issue » ?

Kipling est chez lui en France. Elle n'est pas seulement celle qui l'honore comme un moderne Shakespeare impérial pour les grands et les petits, et comme la parfaite incarnation de l'Anglais dans ce qu'il a de meilleur. Un objet la symbolise : un exemplaire de son recueil *The Light That Failed* troué d'une balle en son centre, qu'un jeune soldat lui a envoyé avec un mot : « Vous avez sauvé ma vie, aussi je crois que ce livre vous appartient. » Tout ramène Kipling à ce qu'il ne songe pas à fuir, l'ombre de son enfant tombé à la bataille de Loos le 27 septembre 1915 à l'âge de dix-huit ans et six semaines. *Qui ante diem periit*, fait-il ajouter sur un morceau de bronze à sa mémoire à l'école de guerre de Harrow. Mort avant son heure.

La haine est à l'œuvre dans *Mary Postgate*, une nouvelle germanophobe d'une cruauté particulière, écrite *avant* la disparition de John et publiée *pendant*. On y voit l'héroïne se réjouir jusqu'à l'obscène de l'agonie d'un pilote allemand qui implore son aide. On croit le texte dicté par la douleur de la perte alors qu'elle est l'écho d'une ancienne exécration. Kipling ne se montre pas intolérant qu'en privé ou dans ses déclarations d'homme public. Certains poèmes sont implacables. Quand la propagande fait courir une méchante rumeur selon laquelle le Kaiser se meurt d'un cancer de la gorge, Kipling lance une ignominie, *The Death Bed*...

À l'automne 1920 encore, alors que le couple est en villégiature dans le nord, leur « Duchess » fait des haltes dans une trentaine de cimetières. La plus longue dans un ossuaire sauvage, ce bois de la Crayère où l'on a vu le lieutenant John Kipling pour la dernière fois. On ignore si l'écrivain gratte la terre de ses mains, ou s'il s'aide d'une cuillère. On peut tout imaginer. La presse rapporte à cette époque encore des histoires à peine croyables mais qui donnent la force de croire encore. Ainsi l'officier de cavalerie Bertran de Balanda retrouve-t-il son fils Jehan en errant à sa recherche avec l'un de ses camarades à Cannectancourt dans l'Oise : une croix dominant une simple tombe sur laquelle il est signalé, en allemand, qu'un soldat français repose là, et, pour qu'on le reconnaisse, un inconnu a sculpté son visage sur la stèle ; les lettres de sa femme retrouvées parmi les ossements permettront de l'identifier formellement. Suffisamment pour encourager Kipling à concilier les exigences de la recherche et le plaisir de la villégiature. Alors en promenade dans son pays de cœur, il gratte encore la terre du bois de la Crayère. Il arpente les champs de bataille dans l'espoir que la rumeur du vent et l'écho du silence lui rapporteront des nouvelles de John. Qui d'autre aurait l'idée de déployer des cartes d'état-major d'une telle région à l'arrière de sa Rolls, pendant ses vacances de surcroît ?

Peu de Français connaissent aussi bien que cet Anglais de Bombay la bande de terre délimitée par La Bassée, Le Rutoire, Bois Hugo et Double Crassier.

Il troue encore la terre du regard même s'il s'est résigné à faire légalement déclarer et enregistrer le décès de son fils. La nouvelle se répand au cours de l'été 1919. De nouveaux messages de soutien affluent.

Plusieurs soldats témoignent d'avoir vu John blessé, aucun ne peut certifier l'avoir vu mort. Kipling s'accroche à cet axiome. Tant qu'on ne lui présentera pas une preuve irréfutable de la mort de son fils, il n'y croira pas. Il écrit d'ailleurs quelque part que la vérité est la première victime d'une guerre.

Sur les conseils de l'abbé Séguin, prêtre de Saint-Sulpice et directeur de sa vie, Chateaubriand écrit une *Vie de Rancé* comme on fait pénitence avant de mourir. Kipling écrit *The Irish Guards in the Great War* dans le même esprit. Non pour s'y perdre mais pour s'y retrouver. Un psychanalyste dira que ce fut sa thérapie, un prêtre le lieu de sa rédemption, un soldat sa dette aux morts. Il s'y lance sur proposition de l'état-major du régiment. Plus de cinq ans de recherches et d'écriture, entrecoupés bien sûr d'autres textes qui lui ressemblent davantage.

Il sue sang et eau, et vit l'épreuve comme une punition qu'il s'inflige. Ce travail le laisse au bord de l'épuisement. Mais la *Vie de Rancé* s'avère être un chef-d'œuvre quand *The Irish Guards in the Great War* demeure un pensum. C'est aussi que l'itinéraire du salon de la

Montbazon à l'abbaye de Soligny-la-Trappe suscite l'admiration du portraitiste sans la forcer ; tandis que la chronique appliquée de la seule unité nominalement irlandaise ne fait pas oublier que de ce peuple l'Anglais Kipling ne sauvait que les soldats.

Deux volumes paraissent en 1923, l'un consacré au premier bataillon, l'autre au second. Obsessionnel dans la reconstitution. La sobriété dont l'auteur se réclame dès la première ligne est une litote. De la littérature de circonstance à laquelle ne manque pas un bouton de guêtre. Le père de John Kipling estime avoir rempli son contrat moral avec lui-même. Mais l'écrivain et le poète ? le conteur et le nouvelliste ? Absents de ce mémorial lourd comme une pierre tombale. On n'y trouve rien sur l'essence de la guerre pour ceux qui la font : la souffrance, la peine et l'humiliation, et puis la boue, la merde et le sang. La pénitence qu'il s'est infligée l'a conduit au renoncement de soi. Dommage que tous ces hommes en lui n'aient su se réconcilier en cette occasion unique. Regrets éternels.

À moins qu'il ne faille chercher ailleurs sa *Vie de Rancé*. Éparpillée sur les stèles déposées sur cette terre de France qui est un peu la sienne aussi et sur les plaques apposées aux piliers de ses cathédrales. Combien de visiteurs savent qu'en les lisant ils lisent du Kipling ? Ses *Épitaphes de guerre* resteront gravées dans les marbres. Son fils y est partout, dans les lignes, entre les lignes, derrière les lignes.

Un jour, juste après avoir visité un cimetière militaire en France, il se précipite dans un coin pour écrire *Le jar-*

dinier, une nouvelle encore et toujours sur la douleur de la perte. Celle d'un fils. Avec l'amour pour seule rédemption.

Tout ce qu'il écrit après la disparition de son fils porte l'empreinte de son absence.

Au cœur de l'été 1930, le nom de John Kipling est gravé sur le mémorial de Loos érigé à la mémoire des disparus. Impossible de l'y voir sans lire en superposition le poème *My Boy Jack* :

> *Avez-vous des nouvelles de mon fils Jack ?*
> *Pas à cette marée.*
> *Quand croyez-vous qu'il reviendra ?*
> *Pas avec ce vent qui souffle, et pas à cette marée...*

Un jour, Rudyard Kipling se résout à se séparer de sa « Duchess » exténuée par son tourisme mortuaire. Rolls-Royce ayant arrêté la production de sa chère *Silver Ghost*, il la remplace par une *New Phantom*.

Un fantôme chasse l'autre dans la quête d'un spectre.

Kipling, lui-même, est, à l'image de son automobile, perclus de douleurs. Pendant des mois, ses médecins anglais le persuadent que sa carcasse abrite un cancer, jusqu'à ce que le docteur Roux diagnostique un ulcère duodénal. On lui a arraché toutes les dents pour rien.

Il sait de toute manière que sa vie et son œuvre sont derrière lui. Ses articles mobilisent ce qui lui reste d'énergie. Il ne perd pas de vue l'objet de toutes ses vigilances et prévient très tôt l'Occident du danger national-socialiste qui le guette. Mais quel crédit accorde-t-on à un germanophobe que l'on dit *personnellement* hanté par un désir de revanche ?

Il reste membre de la Commission impériale des sépultures de guerre jusqu'à son dernier souffle, le 18 janvier 1936. Vingt et une années se sont écoulées depuis l'instant où il a croisé le regard de son fils pour la dernière fois, mais il n'a jamais vraiment quitté le champ de bataille. Ses obsèques se déroulent dans la cathédrale de Westminster, où gît un *Tommy* « connu de Dieu seul » au nom des cinq cent mille disparus de la guerre. Ses cendres reposent dans le fameux coin des poètes, quartier de noblesse des gens d'esprit. La couronne la plus remarquée provient du cimetière militaire de Loos. Pas un écrivain digne de ce nom n'est présent, mais en revanche tout le ban et l'arrière-ban de la notabilité remplit la cathédrale. Ceux qui ne l'aiment pas pour avoir été victimes de sa vindicte le traitent avec mépris de « journaliste inspiré », les autres d'« Anglais ordinaire de génie ».

Pour moi, il est le père de Joséphine et de John. On pourrait écrire sa biographie en l'organisant autour de deux dates : 1899 et 1915. La mort de l'une, la disparition de l'autre. Tout se passe en amont et en aval de ces moments de rupture. Les seuls instants où la statue se fissure pour révéler la part d'ombre de l'homme nu.

En 1935, la France cesse officiellement la recherche des disparus de la guerre. Cela n'empêche pas pour autant des hommes et des femmes venus d'ici et d'ailleurs de continuer à chercher la trace d'un dernier souffle. Ils ont cessé d'attendre mais pas d'espérer. Ossements ou cendres, la mort sans sépulture est un enfer pour les vivants.

Ceux-là dont était Rudyard Kipling veulent juste savoir. Quand, où et comment l'âme de leur enfant s'est désunie de son corps. Puis toucher ses restes, s'age-nouiller et prier. Lui dédier dans le marbre les plus beaux vers jamais écrits par un grand poète à la mémoire d'un soldat tombé au champ d'honneur. Caresser son nom gravé pour l'éternité et lui parler encore. S'expli-quer peut-être. S'abandonner enfin devant lui. Tu fus un homme, mon fils...

On peut parler à une tombe, pas à un spectre.

En 1992, dans le Pas-de-Calais, une tombe a changé d'attribution au cimetière britannique Sainte-Marie de Haisnes ; en favorisant des recoupements inédits, l'informatisation de ses archives a permis cette initiative exceptionnelle de la Commission des sépultures de guerre du Commonwealth. Là où l'on pouvait lire :

A LIEUTENANT
OF THE GREAT WAR
IRISH GUARDS
KNOWN UNTO GOD

une pierre tombale a été érigée sur laquelle on peut lire désormais :

LIEUTENANT
JOHN KIPLING
IRISH GUARDS
27th SEPTEMBER 1915 AGE 18

Un doute subsiste néanmoins. Il est des experts pour contester cette identification car, sans être un sport national, la quête du fils perdu de Kipling a aussi ses experts ; ils font penser à ces historiens de l'art qui vouent leur existence érudite à l'attribution des tableaux anonymes sans s'interroger sur le mystère de ce qu'ils ont sous les yeux. Comme si la preuve pouvait *réellement* importer à d'autres qu'à ses parents ! On en est désormais à agiter le spectre de l'ADN quand Kipling lui-même dans ses derniers temps ne s'intéressait plus qu'à la trace. Il est vrai que c'était un poète.

En 2001, un employé des Éditions Macmillan a retrouvé six de ses calepins de notes en dépoussiérant les tiroirs d'un bureau. Il y est question de grands cimetières sous la lune, de la méconnaissance du protocole dont fait preuve le maire d'un village français lors du pèlerinage du roi George V et des prouesses de la « Duchess ».

À Loos, le nom du lieutenant John Kipling n'a toujours pas été effacé du mémorial dédié aux disparus. À croire que son destin est de demeurer dans un entre-deux jusqu'à la consommation des siècles.

Kipling avait écumé tous les champs de bataille et tous les cimetières militaires en prenant des notes. On sait par elles qu'il s'était rendu à Haisnes et qu'il avait visité celui de Sainte-Marie. Il s'était incliné devant les tombes de ces hommes connus de Dieu seul. Il avait retrouvé son fils mais ne l'a jamais su.

Un jardinier fut son guide.

3

La canne-siège de Monsieur Henri

Un jour, passé la soixantaine, Henri Cartier-Bresson renoue avec son premier amour, le dessin. Le grand photographe trouve désormais son bonheur le crayon à la main. Son renoncement au reportage ne signe pas pour autant ses adieux à la photo ; un Leica enfoui dans une peau de chamois guettera en permanence la caresse de ses doigts jusqu'à son dernier souffle, dans une poche de son blouson. Simplement, il arrête de courir. Non pour se reposer, mais pour se poser.

Sur une canne-siège, dans la contemplation des œuvres d'art.

Le photographe, c'est l'homme qui marche tel que Giacometti l'a pétri. Qu'il cesse de marcher et il meurt ou renaît en dessinateur. On n'a pas la même vision du monde selon que l'on est assis ou debout. La magistrature en sait quelque chose. Dans la préhistoire de l'ère numérique, les gens d'image pouvaient se distinguer en deux catégories : les tenants du 24 × 36, qui agressaient leur proie en la menaçant de leur œil de cyclope, et les défenseurs du 6 × 6, qui s'inclinaient devant elle en une prière laïque. Ce que Jean-Luc Godard transpose à sa manière : au cinéma on lève la tête, devant la télévision on baisse les yeux.

Cartier résout ce faux débat entre violence et courtoisie en se choisissant une canne à musée au magasin de la rue Saint-Honoré *Aux États-Unis, articles pour hommes.* Même s'il préfère, de loin, son stick-siège Featherwate *made in England* de golfeur que les douaniers prennent régulièrement pour une canne-épée. Un cadeau de son beau-père, qui s'en servait le week-end, à la chasse. Elle vient de chez James Smith and Son, marchands de cannes et de parapluies depuis 1830 dans New Oxford Street. Du milieu des années 70 jusqu'à sa mort dans les premiers temps de l'ère postargentique, elle ne quitte plus « Monsieur Henri », ainsi que le majordome appelait l'adolescent quand son grand-père le réclamait à table. La canne-siège de Monsieur Henri : l'objet et le nom s'accordent étonnamment bien pour se confondre dans la personne si française de Cartier-Bresson. L'ensemble fait corps avec lui, comme la canne irlandaise en bois noir à gros nœuds saillants ne faisait qu'un avec l'auteur fétiche de sa jeunesse, James Joyce.

La canne-siège l'évoque mieux que n'importe quel autre objet. Elle incarne ses regards : ceux du dessinateur, du peintre, du photographe, du promeneur, du voyageur... Des regards successifs constitutifs d'un certain regard. Cartier-Bresson vit pourtant entouré de *rosebuds* : son couteau de scout toujours en poche, cette statuette africaine sur l'étagère... La canne-siège marque le passage d'une frontière et un accès à une forme de sagesse. Il suffit de le voir dans une galerie du Louvre, face à *La raie* de Chardin ou de *La charrette* de Le Nain, posé sur son instrument en équilibre, à la manière de Corot en Italie installé sur son pliant tripode. Curieux de constater que la littérature est bavarde sur la canne, prolixe sur le siège, mais muette sur la canne-siège. Un monde s'y est glissé.

Les dernières années le nomade se sédentarise. Les jambes ne suivent plus comme avant, les escaliers le font réfléchir à deux fois. Il en faudrait davantage pour décourager les douces villégiatures dans le Lubéron ou le canton de Berne, les sauts ici ou là dans la vieille Europe, et même à Venise. N'empêche, quel aveu que l'adoption définitive de cette canne-siège, quel renoncement pour un marcheur professionnel, mais aussi quelle manifestation de volonté ! On ne saurait refuser d'abdiquer avec davantage de panache.

Budapest n'ose trop croire à la venue de Cartier-Bresson à l'occasion de la grande rétrospective qu'elle lui consacre. Le musée Ludwig me demande d'insister alors qu'il accepte tout de suite avec enthousiasme de se rendre au château de Buda. Peu après, au bras de sa femme, Martine Franck, et de sa collaboratrice, Marie-Thérèse Dumas, il débarque dans une ville qui pavoise aux couleurs de son exposition. Le biographe que je suis, à qui l'on a demandé de prononcer une conférence sur l'homme et son œuvre, vit alors cette expérience unique : raconter son héros en sa présence.

La séance de torture se déroule dans l'amphithéâtre
bondé de l'Institut français sous la houlette de Stanislas
Pierret. Henri retrouve son allégresse pour se perdre
tout en haut de la salle parmi des étudiants. Tout y passe
de saviesonœuvre. Ma conférence a été improvisée dans
l'inquiétude, laquelle se trahit par les regards que je
lance régulièrement du côté de l'avant-dernière travée.
Mais Cartier-Bresson m'encourage à continuer. À plusieurs reprises, alors que le public se met à protester de
façon inexplicable, il fait taire la salle d'un pouce fermement levé vers le ciel. Comment ne réagirait-il pas, ce
peuple qui a donné au monde ses plus grands photographes, les Kertész, Brassaï, Moholy-Nagy et Capa
mais aussi Lucien Aigner, Rogi André, Nora Dumas,
François Kollar, Ergy Landau, André Steiner. Et bien
sûr Martin Munkacsi, dont une simple image a engagé le
jeune Cartier-Bresson pour le restant de sa vie. Sans cette
diaspora la photographie n'aurait pas le même visage.
Mais ce jour-là, c'était comme si ces photographes étaient
tous assis là en face de moi à me fixer, sceptiques, cour-
roucés et hongrois. Qu'avais-je dit de si terrible ? Rien qui
fût de nature à offenser l'âme magyare. Juste que mon
héros avait bien raison d'encourager la photographie sans
appareil, en mettant l'œil, l'esprit et le cœur sur une
même ligne, mais sans le recours vulgaire à la technique.
Nous prenons tous des photos sans appareil. Un regard
suffit, mais un regard organisé.

Ainsi, l'autre jour dans le métro, un *hassid* égaré dans
le siècle, craignant-Dieu d'un autre monde, sort de la
rame en même temps que moi, pose son sac sur le banc,

y cherche quelque chose, voûté comme psalmodiant une prière contre la paroi sur laquelle se déploie une immense affiche annonçant un film policier ; sa silhouette médiévale, le tunnel en perspective et en second plan le titre en gros caractères *Un homme à part*. J'ai pris la photo, sans appareil ; elle est gravée dans ma mémoire.

La photo comme la peinture : *cosa mentale*. Virgile était un excellent peintre sans pinceau : on *voit* le tableau sans qu'il ait eu besoin de le peindre quand il décrit la préparation au bûcher dans l'*Énéide*, avais-je repris devant le public hongrois dubitatif.

Mouvements divers dans l'amphithéâtre. On me prend pour un fou. Henri est ravi. Je l'ai tellement entendu développer cette idée, je l'ai surtout tellement *vu* la mettre en pratique dans la rue, dans un salon, n'importe où, faisant le cadre avec ses mains pour montrer ce qu'il vient de prendre avec son seul regard, qu'il m'a convaincu. Son pouce se dresse vers le ciel avec ostentation à mesure qu'ils haussent les épaules. À la fin tout le monde se réconcilie devant les tirages du maître sans disciple. Il me tire par la manche : « Demain après-midi, je te montre quelque chose d'inouï. »

Un tableau dans un musée.

Je ne regretterai jamais la dernière fois où il m'entraîna dans une exposition. Les mondains le jour du vernissage, les touristes culturels par la suite, vont voir une exposition pour dire qu'ils ont vu une exposition ; nous on va voir des tableaux, m'avait-il prévenu. Quelques-uns seulement, en sachant qu'un seul suffit à notre bonheur.

C'est en face de chez lui, à l'école du regard, le Louvre. Il veut me montrer les portraits de l'Égypte romaine. Surtout les parures de momies peintes sur bois retrouvées sur le site de Fayoum. Il s'approche : « Il y a beaucoup de pâte, c'est épais… », puis recule et embrasse une série d'un rapide mouvement des yeux : « Derain n'est pas loin… » Nous errons dans la chair des dieux, parmi les embaumés sous la protection d'Osiris, dans un état de sidération avancé. Un portrait de femme exécuté selon la technique de la détrempe nous laisse cois. De toute façon, il déteste qu'on lui parle pendant qu'il regarde. La douceur de son regard la distingue du hiératisme alentour. Henri ne parvient pas à s'en détacher, d'autant que le sourire est à peine esquissé. La composition triangulaire, deux boucles et un collier, comble sa vision du monde depuis qu'il a faite sienne la formule inscrite par Platon à l'entrée de son Academia : « Que nul n'entre ici s'il n'est géomètre. »

L'évidente beauté de cette présence immortelle le rend heureux. À côté de celui-ci les autres portraits ne tiennent pas. Lui seul possède ce supplément d'âme, ce je-ne-sais-quoi d'apaisé qui traduit une grande sérénité intérieure, un au-delà de la mort. À la sortie, Henri réclame, en vain, une carte postale jusqu'à ce qu'on lui explique qu'elle a été détruite, ayant été tirée à l'envers.

Qu'importe, il n'a pas perdu sa journée, il a rencontré quelqu'un. Ce visage peint le poursuivra longtemps. Soudain la jeune femme chargée des relations extérieures le sort de son rêve éveillé :

« Messieurs, vous êtes de la presse ? »

Henri me regarde, esquisse une moue :

« Éventuellement...

— Dans ce cas vous devez inscrire votre nom sur le registre. »

D'un geste à peine snob, il repousse le feutre qu'elle lui tend, sort son stylo à plume, pose ostensiblement sa main gauche sur sa hanche, tel lord Ludd dans *Barry Lyndon* s'apprêtant à honorer de sa signature une dette de jeu, et trace à l'encre noire, de son écriture ferme et déliée, les lettres qui composent mon prénom et mon nom. Il semble enchanté de son tour. Je ne puis que m'exécuter et lui emprunter son identité en échange. Sa joie est à son comble quand la jeune femme derrière sa table, retournant le registre, l'avise :

« Tiens, c'est curieux, je vous croyais plus jeune ! »

Comme convenu, et après avoir gravi une à une les marches du Szépmüvészeti Muzeum de Budapest comme autant de stations d'un chemin de croix, nous nous retrouvons. Henri déniche un ascenseur qui lui permet de me mener, les yeux fermés, à la salle espagnole. Un lieu habité comme on en trouve parfois dans ce genre d'endroit, question d'atmosphère, de couleur, d'accrochage, d'ameublement. Ici, les fenêtres sont au plafond. Une belle lumière zénithale réchauffe les boiseries. Le choix me surprend, ses maîtres avérés sont français, italiens, flamands. Pas espagnols. Cartier se fraie son chemin directement vers un petit tableau (69 × 107,5 cm) auquel nul ne prête attention. Le seul tableau en noir et blanc. Un Goya.

Toute la douleur du monde se déploie là sous nos yeux à travers le regard du sourd. Au premier plan des femmes se font massacrer à bout portant. Il y a là quelque chose du *Tres de mayo* dans leur effroi, même si l'on ne sait rien des fusils qui les mettent en joue. Au second plan de pâles silhouettes égarées dans un paysage de désolation. Elles semblent perdues dans le grand tout, alors que la nature s'organise autour d'elles, et font corps avec ce qui les enrobe. Elles sont le pivot du désastre. À force de les trouer du regard, nous devenons eux jusqu'à intégrer leur nuit profonde dans notre monde. Premier plan ou second plan, ce qu'on retient, ce sont les bras levés au ciel.

Henri ignore superbement, juste au-dessus, le splendide portrait de la femme de Bermudez par Goya, de même que le Miranda accroché juste à côté. L'émotion l'étrangle, il cherche quelque chose dans sa poche, ouvre sa canne-siège et s'assoit. Je m'éclipse. Je vais quérir la directrice du musée, lui explique que c'est l'homme dont le nom s'étale sur toutes les affiches de la ville et que… Quelques instants après, elle apporte une chaise, fait discrètement évacuer la salle de ses rares visiteurs et nous laisse tous les deux.

Il ne remarque rien tant il est bouleversé. Ses beaux yeux bleus embués sont à cinquante centimètres à peine de la toile. Il la fixe et répète : « Il a tout compris, Goya, tout vu, tout dit, tout… »

Anticipant sur le réflexe qui est le sien dès qu'une peinture appelle la copie, je place la chaise derrière lui ; il s'y pose naturellement, sans même la regarder, comme si sa présence était évidente, laissant glisser la canne-siège.

Son calepin à dessin sur les genoux, il dessine ce qu'il voit. Pour lui c'est une règle et une hygiène de vie. À croire qu'à son retour d'Italie Goethe lui a confié à lui et à lui seul, à lui personnellement, que ce que l'on n'a pas dessiné on ne l'a tout simplement pas *vu*. Les collectionneurs ont besoin de posséder une œuvre pour la voir. Cartier-Bresson n'est pas collectionneur. Il est juste Goethe.

Il y a en lui quelque chose de ce peintre chinois du XVIIᵉ siècle qui détruisait ses tableaux dès qu'il les terminait. L'état de grâce de l'exécution l'emporte sur tout. Durant ses années asiatiques, Cartier-Bresson envoie les rouleaux de pellicule à New York et ne découvre ses photos que par hasard, longtemps après, en feuilletant des magazines. Pourtant rien ne l'angoisse durablement comme tout ce qui a trait à la forme. Lui aussi pourrait écrire « dessein » en lieu et place de « dessin » à la manière des poussinistes défendant la ligne contre la couleur chère aux rubéniens. On l'imagine en bretteur défiant l'ennemi de sa canne. Il a déjà dessiné des vieilles de Bruegel, de Géricault, de Léonard, de Dürer, mais les vieilles de Goya qu'il a copiées en 1995 sont certainement les plus réussies.

Il pourrait devenir aveugle, une vision veille en lui, celle des milliers de tableaux dont il est imprégné. Comme Borges avait à jamais gardé en lui le son des milliers de livres qu'il avait lus avant de les écouter.

Une sensation de pureté d'enfance l'envahit devant le

tableau — Ruskin appelait cela « l'innocence de l'œil ».
Une larme coule sur sa joue gauche, puis l'ébauche d'une
autre sur la droite, qu'il réprime d'un revers de main.

« ... tout compris... »

Goya est un prophète sauf qu'il ne sait pas exactement
de quoi. Malraux a vu ça. Mais les vrais possédés ne le
sont-ils pas toujours de ce qu'ils ignorent ?

L'horreur, l'horreur, l'horreur répète le héros à l'agonie au cœur des ténèbres.

Zoran Music se souvient avoir été lui aussi très
impressionné par sa rencontre avec les tableaux de Goya
à Madrid et Tolède avant la guerre, mais avoue ne les
avoir vraiment compris qu'après la guerre. Entre-temps,
pendant sa déportation, il a cru voir les mêmes choses
que Goya. Le camp a corrigé le musée, et Dachau
expliqué le Prado.

La canne-siège d'Henri gît à terre. Plus rien n'existe
en dehors de lui et du Goya. D'immenses Vélasquez au
second plan, une verrière en contre-plongée, l'autre
moitié de la salle baignant dans une douce pénombre.
Son regard se brouille à nouveau alors que sa main se
repose un instant sur le carnet, comme vaincue par le
mystère qu'elle veut capter. Je m'agenouille à quelques
pas de lui. Mon Dieu, quelle photo... La légende dit que
rien ne l'encolère comme d'être la cible d'un objectif
photographique. La légende dit vrai comme toutes les
légendes. Nous l'avons tous vu menacer et poursuivre
de son Opinel le fâcheux qui avait osé braver l'interdit.

N'en faisant qu'à sa tête, mon Leica M4 flambant

vieux quitte ma poche pour ma main. C'est lui qui m'a
conseillé de l'emporter. Toujours l'avoir avec soi, on ne
sait jamais. Le matin même, pendant la visite de la
grande synagogue, il a préféré nous attendre assis dans
une travée de crainte que ses jambes ne le trahissent. Je
lui avais confié mon appareil. Quand nous sommes
revenus, le gardien l'engueulait en yiddish en lui inti-
mant à grand renfort de gestes de se couvrir la tête, à
quoi Henri, impassible, répondait en français : « Monsieur, je ne vous parlerai que lorsque vous aurez
répondu à ma question : oui ou non, les Juifs ont-ils une
cosmogonie ? » Fidèle à son caractère, tout en conti-
nuant de toiser son escorte fulminante, Henri coiffa fièrement sa casquette à l'instant même de quitter le seul
endroit de la ville où il est impératif de se couvrir le
chef. Son attitude fit nos délices, mais elle n'effaça pas
l'image qui me restera gravée de cet instant : lui, assis
bien sagement dans une travée isolée, caressant mon
Leica posé entre ses genoux comme s'il se fût agi d'un
chat.

Dans la salle espagnole du musée, c'est à peine si le
parquet craque sous mes pas. Je n'ai emporté qu'un
objectif de 35 mm mais il est idéal en la circonstance. Je
prends quelques clichés, puis me lève et tourne autour
de lui, d'autres images, plus près, plus loin. Une trentaine en tout car je sais que jamais plus on ne reverra cet
homme-là dans cette situation-là et à cet endroit-là.
Mais, parmi toutes ces photos, il n'y en a qu'une à
laquelle je tienne, la seule dont je sois sûr, aidé en cela
par la lumière naturelle, la seule qui permette de voir

juste. Pour la première fois, et probablement la dernière, j'ai le sentiment rare et orgueilleux d'avoir capturé le souffle d'une âme.

De son regard panoramique à 180 degrés, Henri voit tout. Il sent tout, devine tout mais ne dit rien. C'est à peine si un murmure s'échappe encore de ses lèvres : « Regarde bien, il n'y a que Goya qui ait vraiment compris la vie, la mort... »

Seul un artiste peut nous faire toucher de l'œil cette région obscure de l'âme où l'animal est tapi dans l'homme. Là où les philosophes échouent à expliquer la barbarie en lui, il ressuscite son fonds bestial. L'art n'est pas l'ornement, peu l'ont dit aussi fort que Goya dès ses cartons de tapisserie.

Henri est bouleversé de le sentir si souvent au bord du gouffre où le précipite l'angoisse absolue. Seule la compassion du peintre pour les spectres d'humanité que son pinceau jette sur la toile peut conjurer son pessimisme. On ne saura jamais si ces égarés sont des humiliés. Mais dans ces moments de grâce, Cartier paie sa dette à Diderot, le premier à lui avoir dit que la peinture est l'art d'aller à l'âme par l'entremise des yeux ; si l'effet s'arrête aux yeux, le peintre n'a fait que la moitié du chemin.

Est-ce une scène échappée des *Désastres de la guerre* ? Cartier-Bresson en serait pareillement dévasté. Ce pourrait être l'une des *Scènes de brigands* peintes par Goya entre 1810 et 1812. On en trouve une au Museo nacional de Buenos Aires. Il y en avait quatre, marquées N28, regroupées sous le thème « Paysages animés ». On ignore ce que ces brigands font au juste. Pas comme les deux protagonistes de *Duel au bâton* (Prado). Ils s'affrontent dans des sables mouvants au centre d'un univers ravagé. Le survivant sera certainement ensablé. À quoi bon tuer quand on va mourir ?

Seuls les bras au ciel indiquent que ceux-là sont épouvantés.

Scène de la guerre d'indépendance espagnole. Avec la mention « Acquis à Berlin en 1912 ». C'est écrit dessous, en anglais. Mais dans la version française du catalogue, il s'intitule *Attaque à main armée.* Allez savoir ! S'il est vrai qu'on n'a vraiment *vu* que ce qu'on a copié, alors on n'a vraiment *lu* que ce qu'on a traduit.

Le titre change tout. Cartier fuit le cartouche sous l'œuvre d'art. Tableau, dessin, gravure, photographie. L'identification est la mort du regard. Depuis qu'il sait voir, c'est sa seule injonction aux spectateurs. Regardez d'abord ! Ce qui s'appelle regarder, en vous offrant le luxe du temps, le privilège des sens. Identifiez ensuite, ce qui s'appelle identifier, en vous appuyant sur les béquilles de la culture, et sur les fausses pistes de l'intitulation, au risque du mal vu, comme il y a des malentendus. Brancusi invite à regarder les sculptures jusqu'à ce qu'on les voie.

Vanité de l'explication car il n'y a rien à comprendre par ce biais-là.

Le poète René Char, alias capitaine Alexandre en son maquis, trouve du réconfort dans sa résistance à la barbarie en contemplant une petite reproduction de Georges de La Tour collée sur le mur au-dessus de sa table. Il croit voir *Le prisonnier*, puisque c'est écrit au dos. On apprend plus tard qu'il s'agit en fait de *Job raillé par sa femme*. Le visiteur du musée d'Épinal qui possède le La Tour voit-il le même tableau que le combattant dans son quartier général de Céreste ?

Dans le Goya que dessine Cartier-Bresson, tout n'est que dévastation. Loin des impératifs de la commande, le peintre se donne tous les droits. Rêver, imaginer, halluciner ces grimoires de la cruauté. Il s'offre le luxe absolu du caprice. Il n'est pas de plus grande liberté pour un artiste. La chimère n'attend que son bon vouloir pour prendre forme, fût-elle tragique.

On raconte que Goya peint de moins en moins au fur et à mesure que ses tympans se déchirent. Sa palette s'assombrit comme son caractère dans le temps même où son état de santé se dégrade. Ni ombre ni lumière. Le ciel est plombé. Les personnages semblent enfermés dehors. Pas d'issue possible. Ce monde crépusculaire est condamné. Si loin du Goya des portraits. Où sont les grands yeux d'Isabel de Porcel ? La lèvre gourmande de la duchesse d'Albe ? La puissance jamais repue de Manuel Godoy ?

La directrice du musée revient sur la pointe des pieds. Une bonne heure a passé. On ferme. Un dodelinement de la tête et un discret sourire suffisent à nous le signifier. Là où le photographe se contentait d'une fraction de seconde pour capter des rapports de formes, le dessinateur resterait quelques heures encore. Il se lève, s'approche une dernière fois du tableau. À croire qu'il veut l'embrasser avant de le quitter : « Prends-le, lui aussi, plein cadre. Comme ça, je pourrai terminer mon dessin à Paris... » Je m'exécute. Quelques clichés à peine du tableau, le tableau seul.

La moitié droite de la petite toile nous replonge dans le pèlerinage de San Isidro, l'une de ces peintures noires exécutées à même les murs de sa maison au début des années 1820, quand le sourd de la *Quinta del Sordo* est en proie à des hallucinations. Henri s'en arrache à grand-peine. Se produit alors un étrange phénomène, d'une rare intensité. Une autre image se superpose à celle que je vois. Pas une image métaphorique : une véritable photographie. Celle que Martine Franck a prise de lui loin d'ici, au Prado, et où on le voit le nez sur la toile au point de s'y fondre, tant et si bien qu'il semblait être le prolongement de cette cohorte et l'ultime personnage sur la prairie de San Isidro, justement.

« Goya, mon Dieu, tout est là... »

Jusqu'à ce jour, je n'avais vu qu'une seule fois des larmes couler sur ses joues.

La première fois, c'était huit ans auparavant.

Nous sommes assis dans son atelier. Il m'accorde enfin un entretien pour un journal. Depuis plusieurs heures, nous parlons de sa vie dans le désordre. Quand soudain la guerre est là. Je le pousse à parler de ses années de stalag. Sa voix s'étrangle à la seule évocation des prisonniers. Quand le nom de ses amis vient à ses lèvres, sa vue se brouille. Il baisse le regard et se tait, secouant la tête en signe d'impuissance. Je ne suis alors qu'un spectateur muet. Je retrouverai bientôt la couleur

de ces larmes-là aux banquets des rescapés à l'hôtel
Lutetia. L'amitié ne consiste pas seulement à partager
l'ennui de l'autre. La nôtre naît à cet instant. Ma certitude de biographie également. Un homme comme lui
capable de cela à ce moment-là mérite un livre. Juste
pour ça. Quelques larmes qu'on ne peut jamais réprimer
parce que ces absences ne passeront jamais.

En quittant le musée des Beaux-Arts de Budapest,
Henri répète encore inlassablement la dernière phrase
qu'il a prononcée devant le tableau. Folie de parler de
la chose peinte puisque peindre c'est déjà parler. Inutile de raconter deux fois la même histoire. Tous les
artistes disent cela. Un point de vue que partage Cartier-Bresson : nul ne réussit à lui arracher de discours
sur ses photos. L'une de ses dédicaces me revient en
mémoire, calligraphiée à l'encre noire sur la page de
garde du catalogue de son exposition au Palazzo Sanvi-
tale à Parme : « ... avec mes excuses : trop de mots pour
ne rien dire. Crayons et Leica sont silencieux. » C'est
peut-être pour cela qu'il lit peu les peintres.

De Goya, Cartier-Bresson ne veut connaître que sa
peinture.

Le soir, à l'académie de Musique de Budapest, si chère
à Liszt, nous nous retrouvons pour le *Dialogue des Carmé-
lites* inspiré à Poulenc par Bernanos. Son émotion est pal-
pable, mais sans commune mesure avec celle qu'a provo-
quée en lui le tableau. D'ailleurs, à la sortie du concert, la
malice reprend vite le dessus : « Tu avais fait le rapprochement entre Poulenc et Rhône-Poulenc ? La famille... »

Du jour où Henri me présente son Goya, j'en parle à

Philippe Godoy. Cet ami précieux entre tous en a une connaissance intime. Et pour cause : son aïeul Manuel Godoy y figure en sa double qualité de premier ministre du roi et d'amant de la reine. Goya lui dut d'être nommé peintre de la Cour. Philippe Godoy ne connaît pas seulement les hésitations et les coups d'éclat du peintre, ses peurs et ses moments de bonheur : il le sent, il vit avec, il *est* du tableau. Par procuration, par délégation, par filiation. De l'instant où je lui en parle, il s'extrait du motif et enquête sur le petit Goya de Budapest.

Un jour d'été à Madrid au mitan du siècle échu. Nous sommes attablés à la terrasse d'un café, mes parents, mon frère et moi. Je n'ai pas plus de dix ans. Sur la table une cage, dans la cage un canari pour la maison. Comment le baptiser ? Mon père lève les yeux jusqu'à la plaque de rue au-dessus de nos têtes. *Calle Goya.* De retour à Casablanca, mon frère et moi installons le nouveau membre de la famille dans notre chambre. Bientôt la cage ne sert plus qu'au coucher. Dans la journée, l'oiseau est libre dans la chambre ; quand nous faisons nos devoirs, il reste perché sur notre épaule à la manière d'un surveillant général. Il est des nôtres. Un soir, je l'observe. Il quitte l'épaule de mon frère, s'avance vers le rebord du bureau, un instant stoïque, soudainement muet. Puis il s'élance dans le vide la tête la première et s'écrase au sol. D'une émeute de murmures je perçois le mot « suicide ». C'est la première fois que je vois quelqu'un mourir. Pas la dernière. Le lendemain, il a droit à des funérailles familiales dans une dune sur la plage.

Juste un canari pourtant. Plus de quarante ans que je vis avec son souvenir.

Goya était son nom. Avant d'être peintre il fut oiseau.

Un matin, deux cartes postales de Godoy m'apportent des nouvelles du tableau de Goya. Elles font état d'empâtements inhabituels sous un tel pinceau, même quand l'artiste appliquait d'épaisses couches au couteau. Il est question d'une vieille polémique qui opposa le petit-fils du peintre à de suspicieux spécialistes lors de ventes entre 1866 et 1868. Affaire à suivre. Même si le Szépmüvészeti Muzeum de Budapest campe sur ses positions : la controverse étant classée de longue date, inutile d'y revenir ; les sceptiques d'autrefois avaient jugé d'après des reproductions. Depuis des experts ont tranché. Le tableau a été exposé à l'Ermitage et à Tokyo. Il est l'orgueil de la collection espagnole au même titre que ses autres Goya, le portrait du marquis de Caballero tout autant que la porteuse d'eau ou le rémouleur.

Je mettrai du temps à remarquer que j'ai photographié le Goya de Budapest en noir et blanc. Il est vrai que le gris plomb y règne. Mais la petite tache de rouge à la ceinture d'un des personnages au premier plan a disparu. De toute façon, c'est sans importance. La photo n'y est pas. Les autres non plus. En rembobinant dans l'avion, je me suis aperçu que dès le départ les dents de la pellicule ne s'étaient pas accrochées à l'enrouleur.

De cette conversation unique entre Goya et Cartier-Bresson il ne reste rien.

J'en ai perdu le sommeil pendant plusieurs jours.

Quand je décidai de m'en ouvrir à Henri, son visage s'illumina : « Mais qu'est-ce que ça peut faire ! Rappelle-toi ce que tu as toi-même expliqué aux Hongrois… Tout ça, c'est *cosa mentale* ! La photo sans appareil, une merveille… Tout est dans ta tête, gravé à jamais, non ? »

Que n'aurais-je donné pour sauver quelques centimètres de cette pellicule ? Ces deux ou trois clichés, à défaut de jamais les montrer, je me résigne à les *raconter* jusqu'à la consommation des siècles.

Curieux paradoxe. Rien ne me transporte comme certaines photos de Cartier-Bresson ; je reste pourtant convaincu que le vrai Cartier est celui de la photo sans appareil car lui seul est relié au prisonnier des années 40, à l'évadé permanent du stalag. C'est l'unique moment de sa longue vie d'adulte où pendant trois ans il n'a cessé de photographier, sans appareil. Il y a quelque chose de vertigineux à penser que ces milliers de photos de la planète des camps n'ont été faites que par lui et pour lui seul.

Ce matin au courrier, une nouvelle carte postale de Godoy. Elle évoque prudemment des polémiques d'experts, une attribution incertaine avant de m'asséner le coup de grâce : contre l'avis des autorités du musée, le Goya de Budapest est actuellement considéré dans le monde de l'art comme une copie, par Eugenio Lucas y Padilla, d'un des quatre Goya conservés au Museo nacional de Buenos Aires. Une copie…

Comment annoncer à Cartier-Bresson qu'il y a un doute ? Mais après tout, pourquoi le lui dire, ce serait gâcher un moment précieux. Il ne le saura jamais. *Cosa mentale...*

De tout ce que je viens de raconter dans ces pages, il ne subsiste aucun autre témoignage, n'eût été le dessin d'Henri. Le Goya n'en est peut-être pas un. La pellicule est vierge. Et la tombe de mon oiseau a été balayée par les sables. Qu'importent les preuves puisque seules les traces disent la vérité.

Un an plus tard, mes pas me mènent à nouveau du côté de Budapest. J'en rapporte quelques tirages du Goya dûment photographié au Szépmüvészeti Muzeum. Pour Cartier-Bresson, pour qu'il puisse poursuivre son dessin inachevé. Il promet de s'y remettre aussitôt.

Vient ce jour de l'été 2004 où son âme se dissocie de son corps. En septembre, Martine Franck organise une inoubliable soirée d'hommage à la Cartoucherie de Vincennes. En préparant le mien, j'imagine de raconter notre équipée hongroise, « Goya, Leica et *cosa mentale* ». Et puisqu'on m'offre de projeter des photos sur grand écran pendant mon intervention, je n'en choisis qu'une. Celle qui s'impose : « le » tableau qui a bouleversé Henri Cartier-Bresson. Mais l'écran reste désespérément blanc, par ma seule faute.

À ce jour, le négatif de ma seconde tentative demeure introuvable.

4

Celan sans sa montre

Le 17 avril 1970, Éric Celan, quinze ans, n'attend pas son père devant le Théâtre Récamier à Paris. L'affiche annonce une pièce de Beckett. La mise en scène est de Roger Blin et la compagnie celle de Renaud et Barrault. Son père a pris les places mais l'a prévenu la veille qu'il ne pourrait assister au spectacle. L'écho de la sonnerie rattrape les spectateurs jusque dans la rue. Dans quelques minutes, assis sur une pierre au bord d'une route de campagne avec arbre, Estragon va renoncer à enlever sa chaussure.

On attend Godot, Celan disparaît.

Sa femme se rend dans le trois pièces qu'elle lui a acheté au 6 de l'avenue Émile-Zola. Il y vit seul sans s'y adapter. C'est habité mais il n'y a personne. Chez lui, là où elle a le plus de chances de le trouver absent. Sur le bureau, une biographie de Hölderlin en allemand, ouverte à la page 464, où une phrase est soulignée : « Parfois ce génie devient obscur et il sombre dans le puits amer de son cœur... » Sur la table de nuit, sa montre et son alliance. Il lui a dit une fois que le jour où l'on retrouverait sa montre séparée de son poignet il ne serait plus. Retirer son bracelet-montre afin de mieux se taillader les veines est un classique. Les inspecteurs de police tiennent ce détail pour un indice. Inutile, en l'occurrence : il s'est noyé dans la Seine en bas de chez lui.

Dans son agenda, à la date du 19 avril, on lit : « Départ Paul. »

L'homme qui s'est jeté du pont savait des choses que les autres hommes ne savaient pas. Son regard voyait long, haut et profond. Il avait accès à l'invisible où se déploient les paysages intérieurs. C'était un poète.

Les hommages le diront, nul mieux que Celan n'a su traduire la condition émiettée de l'homme moderne dans la solitude de tous ses exils. Le désastre lui était obscurément familier. Son intime commerce avec les ténèbres fascine autant qu'il effraie qui ne se laisse pas asphyxier par ses mots.

Pas un poète allemand, mais un poète de langue allemande. Il y aurait une suprême et triste ironie de l'Histoire à ce que l'on s'avisât un jour d'en faire un poète de France au motif qu'il en avait acquis la nationalité et qu'il en maîtrisait parfaitement la langue.

Une biographie est souvent un roman avec un index des noms cités. Quel sens cela aurait-il avec la vie d'un Celan ? L'obscur y prend toute la place, il est le lieu de naissance des poèmes, on le baliserait pour y voir plus clair, les dates et circonstances reviendraient à la charge, l'entreprise serait vouée à l'échec. Pour écrire la vraie biographie de Celan, il faudrait d'abord pénétrer la langue allemande. Celle qu'il avait choisie. Une langue qui m'est encore trop étrangère. Pour lui, je réapprends l'allemand dans les éditions bilingues de son œuvre. Aussi absurde et vertigineux que d'apprendre l'alpinisme en tentant l'ascension en solitaire de la Zugspitze. Mais n'a-t-il pas lui-même appris l'anglais tout seul dans le but avoué de lire Shakespeare ?

Celan sait lire en huit langues mais ne conçoit pas d'écrire dans une autre que celle de sa mère. Par définition la langue qui ne ment pas. En l'occurrence l'allemand, et plus précisément le haut allemand, le plus classique. Il peut citer directement des centaines d'auteurs mais le fait indirectement à travers des passeurs de culture. Il connaît des dizaines de passeurs mais privilégie les Juifs parmi eux comme s'il voulait convaincre que là est leur universelle vocation.

La secte celanienne s'épuise en des querelles exégétiques dont l'âpreté n'a rien à envier à celles des surréalistes et des lacaniens. De telle sorte que l'on peut mesurer la force de cette œuvre à la violence des schismes qu'elle a engendrés. Comme si la folie du héros devait d'une certaine manière déteindre sur ses sectateurs. On les croirait tous écartelés entre les exigences du commentaire et l'injonction du comment taire. Il faut dire que rarement une œuvre aura ainsi résisté à ce point aux prétentions de la traduction tant est vive la bousculade syntaxique qu'elle entraîne. Quand on touche enfin le sens du bout du doigt, il nous manque le son. Quand le son se fait entendre, souvent le sens fait défaut.

Autant d'interprètes que de traducteurs, autant de traducteurs que de chapelles, lesquelles reprocheront à tel de l'avoir mallarméisée et à tel de l'avoir heideggerisée, à tel autre d'être trop proche de la famille ou à tel encore d'être sous influence. Que d'énergie dans l'exclusion ! Dès le titre : chacun le sien. *Atemwende*, pour n'en citer qu'un : « Détour du souffle » pour André du Bouchet, « Tournant du souffle » selon Henri Meschonnic, « Renverse du souffle » d'après Jean-Pierre Lefebvre. Il s'agit pourtant bien d'un seul et même mot qui désigne en allemand ce phénomène respiratoire par lequel le flux s'inverse et repart dans l'autre sens, l'instant précis qui s'insère entre les deux temps de la respiration. Philippe Jaccottet, poète et traducteur, lui qui est venu à bout de Musil, ne touche pas à Celan. Trop abrupt et tendu pour n'être pas intraduisible. Il dit que devant lui il se sent comme au pied d'une montagne escarpée. Il avoue cela, celui qui a réussi l'ascension de *L'homme sans qualités* par la face sombre.

Une œuvre difficile commence toujours par avoir des amis avant de gagner un public. Tant pis s'ils ne s'aiment pas.

L'édition allemande de Celan compte cinq épais volumes. Ses poèmes inquiètent dans une vingtaine de langues. Des essais, des thèses, des colloques lui sont régulièrement consacrés un peu partout. Il est encore vivant quand tant d'autres sont déjà morts de leur vivant.

Les plus grands poètes ont écrit à sa gloire. Le portrait qu'a tracé de lui Jean Demonsant pourrait sans peine s'intituler *Tombeau pour Paul Celan* :

« Possédant une vaste culture et des connaissances linguistiques solides et étendues, M. Antschel-Celan s'est acquitté brillamment des tâches variées de traduction, de révision ou d'édition qui lui ont été confiées. Apportant un soin scrupuleux à la préparation comme à la révision de ses textes, doué au plus haut degré du sens de la nuance, écrivant un allemand très pur et maniant la langue française avec une aisance égale, il a aussi une excellente connaissance de l'anglais. Il peut se charger en outre de la traduction de textes russes. Il convient d'ajouter que M. Antschel-Celan s'est toujours montré ponctuel et discipliné dans le service. Par son esprit d'équipe, son affabilité et sa parfaite courtoisie, il a su, pendant son trop bref séjour au BIT conquérir la sympathie de ses chefs et de tous ses collègues et son départ volontaire est unanimement regretté. »

M. Jean Demonsant était chef de la section de traduction du Bureau international du travail à Genève en 1956. Son certificat de travail est un chef-d'œuvre de finesse et d'empathie.

Paul Celan maîtrise plusieurs langues occidentales, ainsi que l'hébreu que son père, fervent sioniste, lui a transmis. Mais il connaît une autre langue, plus secrète encore, le silence. Edmond Jabès assure que seul le silence permet d'écouter le mot et que, lorsqu'il se trouve à l'acmé de sa puissance, on n'entend que lui par le truchement des mots.

Celan est de ceux qui savent installer le silence dans la conversation. Pas un de ces silences qui tiennent lieu de sagesse aux taiseux. Un vrai silence d'une demi-heure, remarquable de densité. Rien n'est saoulant comme un mutisme de cette qualité.

Difficile de n'être pas contaminé par la langue de l'auteur quand on écrit sur lui. Le lexique est contagieux, à défaut du génie. On ne peut lire la poésie de Celan dans la durée sans en être imprégné. Mais elliptique n'est pas laconique. Face à une telle économie de mots, en aplomb d'une si asphyxiante densité, on se surprend à ne plus le dire laconique mais lapidaire.

Celan, c'est : « Nul ne témoigne pour le témoin. » Rien à ajouter, rien à retrancher.

Toute une vie de poète à écrire que la poésie ne peut rien dire. Sinon peut-être ce que Jabès dit de son ami Celan : « La place est vide quand le vide occupe toute la place. » De quoi nous désoccuper des petites sollicitudes qui nous préoccupent.

On ne sait que confusément tout ce que la poésie peut modifier dans nos propres confins, mais jusqu'au bout je rendrai grâce à ceux qui m'ont appris à tenir, me tenir debout, résister peut-être. À Blanquette comme à Celan.

À Blanquette, la chèvre de Monsieur Seguin regardant les étoiles dans le ciel clair : « Oh ! pourvu que je tienne jusqu'à l'aube... »

À Celan et à son poème *Stehen* :

> RESTER LÀ, TENIR, *dans l'ombre*
> *de la cicatrice en l'air.*

Rester là, tenir pour-personne-et-pour-rien.
Non-connu de quiconque,
pour toi
seul.

Avec tout ce qui en cela possède de l'espace,
et même sans la
parole [1].

Sa ville, Czernowitz, se situait en Bucovine quand il y a ouvert les yeux pour la première fois en 1920. Mais elle n'a cessé de changer de pays. Galicienne, austro-hongroise, moldave, roumaine... Ce doit être étrange de naître dans une ville qui bouge tout le temps. Ses habitants ont dû certainement en garder un sentiment intime et archaïque du déplacement. Mais aucun d'entre eux ne saurait dire si cela a fait d'eux d'excellents sédentaires ou d'irrépressibles nomades.

N'empêche, dans cette Mitteleuropa dont les vrais contours sont insaisissables tant ils sont irréductibles à la géographie, dans ce monde d'avant où les pays ne cessent de changer de nom au gré de leurs nouveaux propriétaires, plus encore qu'ailleurs un écrivain est citoyen de sa langue, sa vraie patrie : ni le roumain, obligatoire, ni le français, la première langue vivante qu'il apprît. Précédant le spectre de Celan errant sur le champ de ruines de l'Occident dévasté, le fantôme de Kafka est l'un des rares à s'inscrire en faux contre ce partage des ombres. Pas plus tchèque que l'autre n'est austro-hongrois.

---

1. Traduction de Jean-Pierre Lefebvre, Gallimard, coll. « Poésie ».

Tous deux écrivains juifs de langue allemande, à condition que ce ne soit pas une catégorie et que l'on puisse en sortir à tout instant. Ne jamais oublier, dans « étranger », il y a « étrange ».

Un Van Gogh domine son lit d'adolescent. Une reproduction de la *Pietà* peinte par Van Gogh d'après une lithographie de Delacroix quand il survivait à l'asile de Saint-Rémy-de-Provence. Une exception dans une œuvre qui compte peu de sujets religieux. Ce qu'un peintre exécute par admiration pour un autre peintre, par attirance pour le thème et parce qu'il ne peut quitter sa chambre. Le petit Antschel s'endort et ouvre les yeux sur ce Christ mort avec Mater Dolorosa. Sur ce que Vincent décrit précisément ainsi à son frère Théo :

À l'entrée d'une grotte gît incliné, les mains en avant sur le côté gauche, le cadavre épuisé et la femme se tient derrière. C'est une soirée après l'orage et cette figure désolée vêtue de bleu se détache — ses vêtements flottants agités par le vent — contre un ciel où flottent des nuages violets bordés d'or. Elle aussi par un grand geste désespéré, étend les bras vides en avant et on voit ses mains, des bonnes mains solides d'ouvrière. Avec ses vêtements flottants cette figure est presque aussi large d'envergure que haute. Et le visage du mort étant dans l'ombre, la tête pâle de la femme se détache en clair contre un nuage — opposition qui fait que ces deux têtes paraîtraient une fleur sombre avec une fleur pâle arrangées exprès pour se faire valoir.

Hölderlin et Rilke sont les premiers maîtres de Celan. Adolescent, il se récite *Le chant de l'amour et de la mort du cornette Christophe Rilke*. Bonnes études, bonnes lectures, bons amis, bonne famille.

Après, sa vie bascule dans l'horreur.

Vingt mois au camp de travail de Tabaresti, un village près de Buzau en Moldavie, entre 1942 et 1943. Là qu'il apprend successivement la mort de son père du typhus puis l'assassinat de sa mère d'une balle dans la nuque, tous deux déportés. Là qu'il apprend à creuser. Ne cessera jamais par la suite. La terre d'abord, la langue ensuite. On ne connaît pas d'autre moyen de faire résonner autrement des mots déjà entendus. Qui creuse ? Le cultivateur, le jardinier, le fossoyeur. Celan est l'homme qui creuse.

Après la guerre, Paul Antschel s'écrit Paul Ancel puis Paul Celan. Quand on cherche ses livres à la bibliothèque de l'Alliance israélite universelle, rue La Bruyère à Paris, on ne trouve rien à Celan, Paul. Tout est à Antschel, Paul. Tout est là. En allemand.

Syndrome posttraumatique et culpabilité du survivant. Intact au-dehors, effondré en dedans. Toute une vie à ressasser : Pourquoi eux et pourquoi pas moi ? Le hasard est un chien de l'enfer.

À l'École normale supérieure, de 1959 à sa mort, il est lecteur d'allemand, chargé de la préparation des agrégatifs au thème oral. Lecteur, pas poète. Les deux ne se mélangent pas, surtout pas là-bas. Même si les deux se retrouvent dans le traducteur. Celui-là même auquel Valéry assigne la mission délicate de créer de la grâce au plus près de la gêne. Celan ne traduit pas n'importe qui au hasard, mis à part les travaux mercenaires. Avec le recul, ils s'imposent, Michaux et Char, Pessoa et Baudelaire, Rimbaud et Mandelstam, Nerval et Eluard, et quelques autres. Desnos aussi. Nul besoin d'expliquer pourquoi il lui appartient de rendre en allemand aux Allemands les *Feuillets d'Hypnos*, monologue de tristesse, de doute et de mort écrit au maquis, une expérience de vérité absolue.

Parfois, il s'approprie et détourne. Quand Jean Cayrol, auteur du commentaire du film d'Alain Resnais *Nuit et brouillard*, lui offre de le traduire pour le public allemand, Celan le celanise, le condensant avec force ellipses jusqu'à en faire un long poème en prose très personnel.

Sa vie quotidienne est saturée de significations. L'œuvre est intrinsèquement autobiographique. La vie et l'œuvre s'absorbent réciproquement. « Je n'ai jamais écrit une ligne qui n'aurait pas eu à voir avec mon existence », confie-t-il à un ami. Il n'y a que dans son 20 janvier qu'il se rencontre. C'est sa date et son totem. Rare aveu public formulé dans son discours prononcé à l'occasion de la remise du prix Georg Büchner.

La somme de ses poèmes forme le recueil invisible de son *Journal* intime.

Chacun d'eux est obscurément daté du 20 janvier. La date n'est pas écrite à la fin du texte mais inscrite dans le corps du texte. C'est la date de naissance du guerrier juif en lui, ce 20 janvier 1942 où se tint la conférence de Wannsee qui décida des modalités de la solution finale.

C'est dans *Todesfuge*... la mort, un maître venu d'Allemagne...

Celan est du genre à s'emmitoufler de lectures. Il lit tout, tout le temps. Il dit venir d'une contrée où vivaient des hommes et des livres. Les hommes ne sont plus, restent les livres, lesquels attestent que ce monde-là a vraiment existé.

Sa bibliothèque lui apparaît comme un fond d'abîme ; ses volumes y tiennent un conciliabule permanent. Bien peu échappent aux annotations et aux soulignements. C'est de l'ordre du palimpseste, sauf que ce n'est pas écrit par-dessus mais à côté. Sa voix émerge à travers la voix des autres. Le réflexe atteint son paroxysme quand il superpose ses propres dates à celles de Kafka dans le *Journal* du Praguois. Kafka, son frère en prose comme Mandelstam l'est en poésie. Ses quelque cinq mille livres reposent aujourd'hui aux archives littéraires allemandes de Marbach-am-Neckar.

Un « i » indique une idée à retenir pour un poème à venir, étant entendu qu'un poème est irréductible à une idée. Des poèmes, il en écrit des centaines, et à peine trois petits textes en prose, qui s'y rapportent.

« Écrire un poème après Auschwitz est barbare, et ceci ronge aussi le diagnostic qui dit pourquoi il est devenu impossible d'écrire des poèmes aujourd'hui. » On lit ces lignes dans *Critique de la culture et société* (1951). Des années qu'on bute dessus. Pour Adorno, c'est non plus un diagnostic mais une casserole. Le genre de pensée qu'on cite sans cesse pour mieux la dénoncer. Sauf à la dépasser en reconnaissant que l'art devrait avoir honte devant une telle souffrance. Adorno et Celan devaient se rencontrer, ils se sont ratés. Mais dans ses notes, Celan ne l'a pas raté : « Quelle est la conception du poème qu'on insinue ici ? L'outrecuidance de celui qui a le front de faire état d'Auschwitz depuis la perspective du rossignol ou de la grive musicienne. »

Tout Celan est une réponse à l'injonction d'Adorno : on peut écrire *après* en écrivant *depuis*. C'est le cœur de son défi, celui auquel il se tient. On ne peut même pénétrer l'énigme d'Auschwitz qu'en allemand, de l'intérieur même de la langue qui a donné la mort. C'est le seul moyen d'en sortir, il n'y en a pas d'autre, écrire à partir du camp dans la langue même des bourreaux de ses parents en inscrivant par la force des hébraïsmes dans la chair des mots. Les héritiers de la langue de Goethe et de Goebbels se voyaient ainsi condamnés à observer la déambulation triomphale de quelque cinq millions de spectres parmi eux.

Seul Celan a su.

Et Nelly Sachs à travers ses « choses » ainsi qu'elle nomme à la Rilke ses poèmes, en allemand et en concitoyenne de ce pays invisible où l'on ne forme d'autre vœu que de mourir sans être assassiné. La correspondance Sachs-Celan, qu'on peut lire entre les lignes comme la chronique des paranoïas ordinaires et le glissement progressif vers le délire, témoigne de leur intense proximité jusque dans la folie, étant entendu que seule la poésie leur permettait de mettre bon ordre à leur chaos.

Peut-être la langue de Paul Celan et de Nelly Sachs deviendra-t-elle un jour cette fameuse langue dans laquelle l'humanité pourra réparer toute l'histoire de l'Europe trempée dans le sang.

Cinq mille ans que l'on essaie d'éliminer le peuple juif de la surface de la terre, cinq mille ans que l'on n'y parvient toujours pas. Est-il une meilleure preuve de l'existence de Dieu ?

Celan n'a écrit qu'un seul poème en français, lui qui le parle si bien. Un seul pour son fils. Lui-même fils unique, il a un fils unique. Éric, anagramme phonétique de « Écris », comme Celan celui de « Ancel ».

> *Ô les hâbleurs,*
> *n'en sois pas.*
> *Ô les câbleurs,*
> *n'en sois pas,*
> *l'heure, minutée, te seconde,*
> *Éric. Il faut gravir ce temps.*
> *Ton père*
> *t'épaule.*

L'heure, minutée, te seconde... Comment n'en être pas sidéré ? Sa cadence évoque un autre de ses vers, sur la peinture : « Mon sens de l'ouïe est passé dans celui du toucher, où il apprend à voir. »

Au-delà de l'ivresse et de l'émotion suscitées par ce poème, une énigme demeure. Que viennent faire là ces « câbleurs » ?

Chacun de ses poèmes peut être tenu pour un mystère à résoudre. On s'y lance au risque de se perdre dans un labyrinthe, mais avec des guides éblouissants. La celanologie est la plus précise des sciences inexactes. On est pris de vertige à la découverte des référents autobiographiques, philosophiques, historiques et botaniques qu'elle débusque derrière chacun de ses mots. Un monde se cachait donc derrière chaque signe que l'enquête met au jour. Il y a quelque chose d'agathachristique dans la quête de sens des lecteurs de Celan. On doit aux plus têtus l'identification des sources d'où jaillit l'impulsion du poème, ce qui jamais n'empêchera quiconque d'être pénétré par sa *Fugue de mort* dans l'ignorance totale du *Tango de mort* joué par un orchestre à rayures dans la terreur du camp de Janowska.

D'autres avant lui ont fait voler en éclats les conventions de l'écriture, et d'autres encore ont puisé leurs mots dans différents idiomes, mais il demeure l'un des rares à l'avoir fait dans une telle condensation d'écriture, en creusant au fond de sa nuit pour y écouter le murmure des morts aux nez crochus. De ces abîmes il rapporte une rumeur universelle.

Mais ces « câbleurs » ?

Nombre d'interprètes ont disséqué cette œuvre avec l'humilité nécessaire pour s'y diluer. On peut toujours interroger les dictionnaires, que Celan ne dédaignait pas. On a même fait avaler ses poèmes à un ordinateur qui a rendu des flots d'occurrences. On a failli ensevelir le poète de son vivant même, sous des pelletées de commentaires quand la vérité de ses mots lui importait plus que leur euphonie. Mais l'interprétation la plus érudite n'éclairera jamais mieux l'indéchiffrable de ses poèmes que leur relecture à l'infini. Au-delà du sentiment vertigineux de l'imprégnation, on en ressort tout tatoué de vers. On ne serait pas étonné que surgissent alors d'un psaume les applaudissements des fleuves, le rugissement de la mer et le chant des montagnes.

Alors, ces « câbleurs » ? Un idiotisme celanien peut-être, l'épaisseur du câble s'opposant aux liens subtils entre les personnes tissés de fil. À moins que, Paris bruissant alors d'un article du *Canard enchaîné* sur les écoutes téléphoniques, ce soit là une allusion. Il peut s'agir aussi d'une pique contre un personnage de sinistre mémoire qui prit fait et cause pour Mme Goll lorsqu'elle accusa Celan de plagiat, ce critique allemand du nom de Rainer Kabel que Celan surnommait « Kable » (il signait parfois de son nom de plume Rainer K. Abel). On peut également y voir l'évocation d'un savoir « câblé » dont la maîtrise serait telle qu'il se dispenserait de l'intuition et de l'improvisation, exact pendant de cette maîtrise de la parole dont s'enorgueillissent les hâbleurs. À moins que cela renvoie tout simplement à ces officiers de marine chargés autrefois de surveiller le halage et le pilotage des navires.

Qu'importe au fond puisque rien ne vaut de laisser résonner en soi les inconnus poétiques. On peut envier un fils pour lequel son père monta cette mécanique de précision, admirable petite montre de mots, poème dont le manuscrit conserve l'empreinte d'une feuille de paulownia. Les écorces de platane sont partout chez lui, posées dans ses tiroirs, glissées dans ses livres, ses poches ou ses lettres, insérées dans ses poèmes. Son autre *rosebud* peut-être, moins la garantie d'un porte-bonheur que l'illusion de déporter le malheur.

Mais le poète n'est pas tenu d'expliquer. Ce qu'il écrit doit être entendu à défaut d'être compris. On peut relire cent fois ce poème à Éric sans remarquer qu'à la fin le père « épaule » le fils deux fois plutôt qu'une, si l'on n'a pas à l'esprit que le scripteur se prénomme Paul.

On voudrait avoir un fils juste pour lui offrir un tel poème. L'autre manière de lui dire : « Tu seras un homme, mon fils. »

Karl Kraus assure qu'un poème est bon jusqu'à ce que l'on sache de qui il est. Jean Tardieu prétend qu'il y a poésie lorsqu'un mot en rencontre un autre pour la première fois. D'autres encore nous disent qu'un grand poème est un autre état de la langue, qui peut nous faire l'effet d'une langue étrangère inconnue de nous mais que nous comprenons. Pour Paul Celan, qui a comme nul autre le sens des choses souterraines, la poésie est à chaque fois une seule fois l'envoi de son destin à la langue. Alors le poème montre à l'évidence une forte propension à se taire. On ressent à la lecture de certains des siens un malaise semblable à celui que provoque la vue d'une peinture silencieuse. On en est agréablement perturbé.

Il faut profiter de la fraction de seconde où notre souffle part à la renverse pour se remplir de la voix du poème. Avant de faire vraiment silence, enfin.

> *Tu sais,*
> *seul ce que je t'ai confié en silence*
> *nous élève dans la profondeur*

Paul Celan ne donne pas la main : il la présente. En société, l'ellipse faite homme. Paul le Silentiaire ressuscité. Ironique et tendre, poli et nonchalant, patient et attentif, du moins jusqu'à ce que la psychose radicalise la moindre de ses réactions. Mais toujours discret jusqu'à se gommer. Inapparent : ce mot terrible est de Jacques Derrida, qui le croise pendant des années dans les couloirs de l'École sans le voir vraiment. À moins qu'il n'ait pas su le regarder.

On remarque plus facilement un virtuose du verbe, un athlète de la dialectique. Les autres, de l'espèce discrète des Celan, il faut aller les chercher au fond de leur secret, où ils demeurent tapis, encore dans leur nuit en plein jour.

Heidegger veut faire sa connaissance. Il dit ne rien ignorer de sa vie comme de ses poèmes. À celui qui s'entremet pour favoriser la rencontre, le philosophe dit de Celan : « Il est le plus loin en avant et se tient le plus en retrait. »

À défaut de se connaître déjà, ils se savent parfaitement, l'un toujours compromis avec un passé nazi qu'il refuse d'affronter, l'autre jamais libéré d'un camp où ses parents furent assassinés.

Plus Celan s'avance dans le désert de cette Forêt-Noire, plus il s'éloigne de la Terre promise. Le jour de leur rencontre, ils se promènent. Les deux hommes parlent de plantes et de philosophie. Après, nul ne sait vraiment... Gerhard Neumann, assistant du professeur Baumann, a le privilège de conduire Heidegger et Celan à la légendaire hutte de la pensée, sur le Todtnauberg. On peut supposer qu'il n'a pas souvent conduit d'aussi illustres passagers. Ils se parlent mais on ignore ce qu'ils se disent. Le chauffeur ne s'en souvient plus. On sait juste que la conversation est grave et claire.

En quittant le philosophe allemand, le poète de langue allemande écrit dans le registre d'hôtes : « Dans le livre de la hutte, les yeux sur l'étoile du puits, avec, au cœur, l'espoir d'un mot qui viendrait. »

Mais le mot n'est pas venu et le grand déprimé s'en est retourné à sa camisole chimique.

Il ne vit que pour et par sa langue. Il lui est arrivé de douter du bien-fondé de cette idée fixe, mais il est toujours revenu à l'allemand. À la fin des années 1960 en Israël, nombreux sont ceux qui ne comprennent pas cet attachement obsessionnel à ce qu'ils tiennent pour un lexique de mort. Le Juif de langue allemande Paul Celan tient bon, car à ses yeux seul le Juif en lui paraît encore identifiable dans les débris de son existence. Israël n'en est pas moins le lieu géométrique où son angoisse se déculpe, celui où sa double allégeance le ronge au-delà du supportable. *décuple*

Ce qu'ils lui reprochent, il se l'est opposé en conscience bien avant eux. Dans une lettre de 1946, il imagine le destin de ses premiers poèmes, devine qu'ils trouveront naturellement le chemin de l'Allemagne et... « la main qui ouvrira mon livre aura peut-être serré la main de celui qui fut l'assassin de ma mère »... On comprend qu'il vive comme un destin d'avoir à écrire des poèmes en allemand.

Alors, sa montre ? Boîtier et cadran rectangulaires. Acier et fond noir, couronne en laiton. L'usure l'a privée de son chrome d'origine. Sur le cadran n'apparaissent que les index 9, 12 et 3. Les aiguilles d'acier sont en forme de glaive. Petite trotteuse à 6 heures. Marquage relief ou bâton non précisé. Au dos du boîtier figure le numéro 43 00 188. La montre est une Doxa. Sous le nom de la marque est écrit, en français : « anti-magnétique ».

Doxa pour Celan. On aurait voulu l'inventer.

Le Jurassien Georges Ducommun avait déposé le nom pour tous ses produits chronométriques dès 1910 ; il venait de faire breveter un mouvement à huit jours. M. Ducommun se distinguait en outre par ses prix très compétitifs. On eût voulu connaître l'opinion de M. Ducommun sur sa Doxa.

La montre suisse de Paul Celan est un cadeau de barmitsva. Il la reçoit en même temps qu'un volume relié du *Faust* de Goethe, dans l'édition Insel de Leipzig. En novembre 1933, il a treize ans et on lui donne Pessach comme prénom hébraïque. Là que gît son âme immortelle, davantage que dans Paul, dans Antschel, Ancel ou Celan, du moins du point de vue du sacré. Pessach, la fin de l'esclavage, la délivrance, l'Exode, le passage, le sacrifice pascal.

À Paris, la montre représente tout ce qui lui reste. Avec ce livre, le plus ancien de sa bibliothèque.

Ce qu'il a pu sauver des ruines du monde d'avant.

La montre-bracelet s'accroche au corps jusqu'à en faire partie. Il ne l'attache pas autour du bras de l'écri-

ture mais autour du bras du cœur, le bras des phylac-
tères aux lanières enroulées pour la prière du matin, le
bras qui s'achève par le doigt de l'alliance.

Le rappel du temps est partout. Dans le grand désert
urbain des tableaux de De Chirico, au centre de ses
places écrasées de soleil, les pendules ont l'air arrêtées,
bien qu'un tableau soit déjà une image arrêtée. Comment le sait-on ? On le sent à l'irréelle angoisse qui se
manifeste à leur vue.

L'ancien ghetto de Prague est baptisé Josephov en hommage à Joseph II, empereur libéral. De partout on vient
contempler son hôtel de ville. Le bâtiment Renaissance est
planté rue Maislova, une horloge inquiétante fichée dans le
pignon de la façade nord. Les aiguilles du cadran, orné de
symboles juifs, tournent à l'envers. Elles vont de droite à
gauche comme se lit l'hébreu. Unique au monde ? Seul
celui qui connaît le monde pourrait l'assurer. Peut-être
Celan, celui-là dont un poème contient l'univers.

James Joyce possédait quatre montres. Ses visiteurs
s'étonnaient qu'elles indiquassent quatre heures différentes. Pas lui.

Une nuit du mois de novembre 1682, l'abbé de Rancé
console un ami à l'agonie, un curé janséniste : « Le
temps n'est plus digne de vous, il vous faut l'oublier et
tout ce qui passe… » L'homme s'éteint consolé. Rancé
repart, sa montre en héritage.

On dit parfois d'une personne qu'elle est d'une beauté
à arrêter les horloges.

Après trois ans d'enquête en Europe et en Amérique, j'ai eu enfin le sentiment d'effleurer l'âme de Georges Simenon quand un passage d'une de ses lettres m'a sauté aux yeux. Une lettre inédite parmi des milliers d'autres. Une lettre de remontrance à un ami qui s'était permis de révéler sa part d'ombre, son jardin secret, son *rosebud*. Son obsession des montres, pendules et horloges, reflet d'une volonté de contrôle maniaque du temps, seul moyen de conjurer l'angoisse et de se rapprocher de celui qui lui avait légué toutes ces mécaniques de précision, son père. Alors, j'ai compris pour la première fois ce qu'entend un tout autre homme, Yves Bonnefoy, lorsqu'il évoque la primauté d'un arrière-pays obscur sur le simple centre visible.

Curieux comme les traces nous poursuivent jusque dans les territoires les plus insoupçonnés. Celan a *aussi* traduit des Simenon. Et quels ! Pas les plus grands ni les plus nobles. *Maigret se trompe* et *Maigret à l'école*. Sans enthousiasme, il est vrai, allant jusqu'à les améliorer en douce pour leur donner plus fière allure au grand dam de l'éditeur allemand, lequel dénonce dans cette licence le travail bâclé d'un dilettante. En biographe, je découvre dans la correspondance de Celan marquée par la densité pointue de sa poésie ce petit signe à moi discrètement adressé ; puis, en romancier, j'y apprends que Celan avait écrit quelques poèmes sur du papier à en-tête de l'hôtel Lutetia.

On croise ainsi des ombres familières là où l'on s'y attend le moins, qui envoient parfois de légers sourires, où la connivence se niche en secret.

L'heure, la montre, la doxa... Cette obsession du
temps que l'on pourrait appeler le syndrome du sablier.
Peut-être que l'on creuse trop, peut-être. On ne fait
jamais que suivre l'injonction du poète. Creuser, dit-
il. Il y avait de la terre en eux et ils creusaient, lit-on dans
le poème ouvrant *La rose de personne*. Le camp de travail
de Tabaresti pendant la guerre, c'est là qu'il a appris à
creuser. On ne connaît pas d'autre moyen de faire
résonner différemment des mots déjà entendus. Qui
creuse ? Le cultivateur, le jardinier, le fossoyeur.

Giacometti est l'homme qui marche, Celan l'homme
qui creuse.

On comprend que les autres le sentent toujours à fleur
de peau, et que l'intensité de toute sa personne rende les
contacts délicats, même pour les poètes. Il y a bien sûr
le contexte de l'affaire Goll, l'infâme soupçon de plagiat
qui putréfia la dernière partie de sa vie, la rumeur qui le
rongea en réactivant une paranoïa prête à bondir des
replis de son âme. Il y a les crises de délire, les passages
à l'acte en public, les hospitalisations et les internements
successifs. Mais il n'y a pas que cela. Le choix de chacun
de ses mots paraît vital. Sa conversation exténue ses
interlocuteurs par son acuité. Il leur semble toujours
vivre dans l'extrême, ce bord vertigineux du monde où
l'on finit par chuter à force d'y déambuler les yeux
grands fermés.

Le 20 mars 1970, Paul Celan est à Stuttgart à l'invitation de la Société Hölderlin. Beau nom pour une

société. Une amicale en fait. Elle l'a convié à faire une lecture à l'occasion du bicentenaire de la naissance du poète national. Dans l'assistance, un homme écoute la voix de Celan quand les autres entendent celle de Hölderlin. C'est le comte Clemens von Podewils, secrétaire général de l'Académie bavaroise des beaux-arts, un ami de Heidegger. Il remarque que l'invité parle l'allemand comme on le faisait dans l'ancienne Autriche, en ne laissant tomber aucune syllabe, aucune fin de mot. À sa façon de prononcer le mot *Uhr*, sans même s'aider de la phrase, on sait s'il s'agit d'une montre, d'une horloge ou de l'heure.

L'heure bondit de l'horloge, se plaça devant elle et lui ordonna d'être exacte.

Henri Michaux rencontre Paul Celan vers la fin. Ce qu'il dit du poète, seul un poète peut l'écrire :

On a parlé pour n'avoir pas à parler. C'était trop grave en lui, ce qui était grave. Il n'eût pas permis qu'on y pénétrât. Pour arrêter, il avait un sourire, souvent, un sourire qui avait passé par beaucoup de naufrages. Nous faisions semblant d'avoir avant tout des problèmes touchant le verbe.

Deux connivents réunis par leur souci de discrétion, de protection de leur intimité. Tous deux déchirés par le sentiment qu'en donnant vie à leurs disparus chaque mot de leurs poèmes faisait mourir leur secret.

Les derniers temps sont irrespirables. On voudrait l'empêcher de sombrer, mais comment ? Il n'en est plus à agresser dans la rue un passant qu'il croit hostile, ni à violemment arracher du cou de sa femme le foulard jaune qu'elle porte lors d'un voyage en train. Jaune comme l'étoile. Il tente de la tuer avec un couteau, et une autre fois de l'étrangler. Il se taillade les veines, et une autre fois essaie de se tuer avec un coupe-papier. Il ne réussit qu'à se délabrer profondément le poumon gauche, siège de la primauté du souffle sans lequel le poème n'a pas de langue. Gisèle, sa femme tant aimée et tant aimante, le sauve de justesse mais s'éloigne du cercle infernal pour préserver leur fils.

On entre dans un mort comme dans un moulin. Sartre a écrit cela un jour. Rien n'est indiscret comme de fouiller une bibliothèque. Cela revient à feuilleter le mort. Un livre parmi d'autres trouvé dans celle de Celan. Annoté, réécrit, transcrit, surchargé comme tant d'autres. *Les mots*, justement. Lu à sa parution, en 1964. Ce qu'il souligne dans « le » livre de Sartre :

À Sainte-Anne, un malade criait de son lit : « Je suis prince ! Qu'on mette le grand-duc aux arrêts ! » On s'approchait, on lui disait à l'oreille : « Mouche-toi ! » et il se mouchait ; on lui demandait : « Quel est ton métier ? », il répondait doucement : « Cordonnier » et repartait sans crier.

Plus loin : *Mon délire a quitté ma tête pour se couler dans mes os.*

Plus loin encore : *On se défait d'une névrose, on ne se guérit pas de soi.*

Un écrivain devrait se faire enterrer avec sa biblio-thèque. Parfois, elle en dit davantage que ses propres livres, ses lettres, ses agendas.

Plus un écrivain sent qu'il se rapproche de sa fin, plus ses mots se font rares, et ses textes, lapidaires. On les dirait déjà guettés par le silence des pierres. Comment le respecter quand revient en mémoire le fameux incipit du *Tractatus* de Wittgenstein, « Sur ce dont on ne peut parler il faut garder le silence », à la suite duquel la puis-sante petite voix de George Steiner ajoute aussitôt que ce qu'il faut taire, c'est justement ce qui importe le plus.

Son dernier poème :

> *Des vignerons creusent*
> *autour de l'horloge heure-sombre*
> *profondeur sur profondeur...*

Mais la montre de Paul Celan n'était-elle pas arrêtée à l'instant de la mort de ses parents ? Que peut signifier le bonheur après cela ?

Le mot même de « bonheur » heurte, accolé au nom de Celan. Tout comme « malheur ». Trop français, si fran-çais. Il manque de cette vivacité, de cette intensité et de cette forme de jouissance particulière que recèle davan-tage le mot allemand *Schmerz*, cette douleur au-delà de la peine. On ne saurait trop définir ce « bonheur ». Yves Bonnefoy dit ce qu'il n'est pas : rémission des revers et suspens du tragique, avant de prendre le risque de dire ce qu'il est : scintillement à l'horizon ne fût-ce qu'une seule fois de la lumière d'un sens pleinement partagé.

Cela lui apparaît à l'issue d'un après-midi de conversation chez lui, quand soudain Celan : « Vous [*les poètes français, occidentaux*] êtes chez vous, dans votre langue, vos références, parmi les livres, les œuvres que vous aimez. Moi, je suis dehors... »

On ne peut même pas en déduire, comme pour tant d'autres, que la situation de l'exilé détermine son aspiration au bonheur. Car il n'est pas en exil. Juste un étranger partout : il n'a nulle part où revenir. Chez lui ce n'était même pas vraiment chez lui car il y fut tour à tour roumain, soviétique, habsbourgeois et apatride. Son vrai monde n'existe plus car ceux qui le peuplaient n'existent plus. Même plus dans ses rêves, que neuroleptiques et psychotropes voilent durant les dernières années de sa vie.

Que reste-t-il au poète qui ne peut plus se voir du dedans ?

Le bonheur, Celan l'entrevoit à nouveau furtivement vers la fin. Une jeune femme rencontrée à Jérusalem, des poèmes d'amour où il s'autorise enfin à respirer et un inoubliable « Je t'ouvre en te feuilletant ». Devant moi, dans le feu de la conversation, George Steiner l'évoque aussitôt avec toute l'émotion et la puissance de conviction qu'il réserve à celui qu'il tient pour le plus grand poète allemand depuis Hölderlin. Il s'empare de cette image, se débarrasse de la tradition baroque qui faisait se déplier la femme, puis il retourne dans l'enclos du camp. Les déportés y feuilletaient les vieux talmudistes comme des livres vivants. Aujourd'hui, à leur tour, les élèves ne devraient jamais oublier de feuilleter les grands professeurs.

Que ne donnerait-on pour feuilleter celui qui tenait le poème pour une vigilance sans fin ?

Quitter la montre pour entrer dans l'éternité. À travers ce geste, le poète se dépouille de ce qui l'identifie. Celan sans sa montre, son doigt sans alliance, c'est nu qu'il s'avance vers la mort. C'est un mort de longue date en sursis qui se présente devant le parapet. Un homme constamment aux limites de sa personnalité. Sans la poésie, il aurait basculé depuis longtemps dans ses abîmes. Il a trouvé sa langue pour dire tout ça. Le pont Mirabeau est celui du temps ; en l'enjambant, il se débarrasse du temps.

Un ciel d'encre obscurcit la lumière de la Seine. Il affronte seul ces obstacles que l'on dit insurmontables faute de savoir les nommer. Seul avec ses poèmes, seul aux confins de l'abjecte solitude puisque ses poèmes et lui ne font qu'un.

> *Passent les jours et passent les semaines*
> *Ni temps passé*
> *Ni les amours reviennent*
> *Sous le pont Mirabeau coule la Seine*
>
> *Vienne la nuit sonne l'heure*
> *Les jours s'en vont je demeure.*

Grande et ancienne est son affinité avec **Apollinaire**. Combien de fois a-t-il offert *Le flâneur des deux rives* à ses visiteurs ! Il se jette du haut du pont Mirabeau, sous les fenêtres de la chambre où Marina Tsvetaïeva passe sa dernière nuit avant de rentrer en Russie, où elle sera torturée. Toute poésie se tient, Celan avait traduit ces deux poètes, ils l'attendaient sur le lieu de sa mort.

Cioran assure que si Celan ne s'était pas tué, il aurait survécu en juif pieux : à défaut de se noyer dans la Seine, il se serait englouti dans le Talmud. Mais Cioran prétend aussi que sans l'idée du suicide, il se serait lui-même tué. Et qu'il n'a réussi à vivre que parce qu'il avait devant lui la perspective de mourir en choisissant l'instant de sa mort. Il ne serait pas d'autre moyen de se soustraire à la folie ordinaire.

Cioran dit que Celan est non pas un homme mais une blessure saignante. Celan dit que Cioran n'est pas clair, qu'il est menteur et suspect. Voilà.

Celui dont la langue est la clarté même, Primo Levi, a reproché son obscurité à la poésie de Paul Celan, croyant même y déceler l'annonce de sa fin. Les deux ont mis un terme à leurs jours en s'effondrant : ils se sont jetés, l'un dans une cage d'escalier, l'autre dans un fleuve. L'un n'a fait qu'y tomber ; l'autre aussi. La clarté de l'écriture ne préserve pas davantage de la mort volontaire que son obscurité n'y prédispose.

Ceux qui n'y ont pas été n'y pénétreront jamais, ceux qui y ont été n'en sortiront jamais : le camp est hors du monde. Il faut garder cela à l'esprit face à ces sauts, avant que ne se lève la nébuleuse d'explications.

On retrouve son cadavre dans un filtre de la Seine, près du pont de Courbevoie, un 1er mai de l'an 5730, quinze jours après que les Juifs ont célébré la sortie d'Égypte. Dans son portefeuille, deux places de théâtre en date du 17 avril 1970 pour *En attendant Godot*. On retrouve aussi, mais dans son œuvre cette fois, des poèmes prémonitoires, portant la trace du pont Mirabeau, de la noyade et de la fierté rendue à l'homme par sa mort. Curieux lexique des fins dernières : d'un suicidé, on dit qu'il *s'est donné la mort*, comme si c'était un cadeau ; d'un accidenté, on dit qu'il *a trouvé la mort*, comme s'il l'avait cherchée.

Si toute mort est un mystère, la mort volontaire nous demeure à jamais énigmatique. A-t-on seulement le droit d'en imaginer les attendus ? On dira que chez Celan, le suicide est l'aboutissement inéluctable du poème, cette épure tracée par sa main, car prononcer des noms imprononçables lui brûlait la gorge.

Le jour de sa mort, Celan rate Beckett. Tous deux avaient été lecteurs à l'École normale supérieure. Chacun dans sa langue. Ils se sont trouvés non pas dans la vie mais dans la mort : aujourd'hui, rue d'Ulm, la salle Celan jouxte la salle Beckett.

Dès la tombée de la nuit et jusqu'au point du jour, quand les étudiants désertent les lieux, se tient alors un conciliabule en français comme on en a rarement entendu, même entre ces murs. Une conversation de silences.

5

Sous l'écharpe de Jean Moulin

Si le style est l'homme même, que dire de sa bibliothèque ? Non ce qu'il y a *dans* ses livres, trop évident. Ce qu'il y a *devant* les tranches de ses livres, moins évident. Quelques couvertures qui nous regardent, deux photographies, une carte postale. Un choix qui engage.

Les visages de ma bibliothèque me trahissent fidèlement : Pessoa surpris en pleine intranquillité dans une rue de la Baixa, Proust dans la légèreté inquiète de ses seize ans, une belle pose d'Albert Londres en jeune poète saisi par le journalisme, Simenon rallumant sa pipe devant la porte de la PJ, Gide capturé au fusain, Primo Levi dans une expression d'une vérité saisissante, et même le clapotis du Neckar tel que Hölderlin le découvrait chaque matin en ouvrant la fenêtre dans sa tour de Tübingen. J'allais oublier le seul qui ne fut pas écrivain, Jean Moulin, dont le portrait recouvre une édition hors commerce du discours prononcé lors de sa panthéonisation. Il nous observe et, malgré sa douceur, son regard frappe comme un rappel à l'ordre.

Mes chers fantômes. La nuit venue, ils se lancent dans

une conversation des plus singulières. Un jour, un ami
s'y est attardé, les a passés en revue et, s'arrêtant au dernier, m'a regardé :

« Lui, c'est qui pour toi ?

— Quelqu'un de ma famille, en quelque sorte. »

Puis il a murmuré :

« Maintenant je comprends. »

On dit ce portrait iconique : le signe ressemble à ce
qu'il désigne. Une icône faite d'un chapeau feutre à
bord rabattu, d'une écharpe en laine, d'un pardessus
foncé. L'icône d'un saint laïque, Jean Moulin tel qu'en
lui-même l'éternité le fige. Des dizaines de photos de lui
ont pourtant été retrouvées. Mais c'est comme s'il n'y en
avait qu'une, toujours la même, et qui revient. Toujours, partout. L'écharpe, le chapeau, le pardessus sont
devenus ses stigmates. Sur un certain nombre de dessins, de timbres aussi, on n'a gardé pour le représenter
que ces trois éléments. Comme soudain transfiguré en
une vanité.

Ce portrait est devenu la sépulture de l'homme qui
n'en eut pas. On ne voit que lui dans l'iconostase de la
Résistance. Il éclipse tous les autres. Il *est* la Résistance.

Jean Moulin : efficace, rapide, clair. Tenace mais tolé-
rant. Gentil mais distant. Pas quelqu'un de familier,
qu'on embrasse ou à qui on met la main sur l'épaule.
Grande intelligence, non dans la spéculation mais dans
l'aptitude à effectuer des synthèses qui engagent la décision. Un homme d'action et de devoir que le plus jeune

préfet de France. Un discret tenté par le secret. Plutôt réservé. Force de caractère, clairvoyance, énergie : ainsi l'évoquera de Gaulle.

À la veille de la guerre, l'Eure-et-Loir est son royaume. Il la sillonne dans la Hotchkiss préfectorale. Un département traditionnellement ancré dans le centre-gauche. 252 690 habitants. Auprès des Beaucerons et des Percherons, il incarne l'État, la République, davantage que la IIIe, régime qui s'abandonne dans un monde avachi.

En juin 1940, en pleine débâcle, Moulin a le sang-froid de canaliser la panique. On n'en demande pas davantage à un responsable quand tous ne songent qu'à fuir, que les bombardements s'intensifient, que le téléphone, l'électricité et le gaz sont coupés, que la TSF est soudain inaudible, que nul ne s'avise de répartir l'essence, que les réfugiés déferlent dans une cohue indescriptible. Une ville ouverte ne se défend pas seulement contre l'envahisseur : elle ne se défend pas contre elle-même. L'homme redevient un loup pour l'homme dans le laps de temps où sa terre se transforme en une zone de non-droit. Drôle de monde où la réouverture de deux boulangeries grâce à l'énergie d'un préfet à bicyclette marque le retour à l'ordre. Dans le capharnaüm général, Moulin s'impose comme celui qui organise, décide, ordonne. Il est là et c'est déjà beaucoup. Ce préfet sans instructions se retrouve en roue libre dans un pays effondré qui n'est plus rien.

De l'aube à la tombée de la nuit, il conserve son uniforme de préfet. Quand la 8e division de l'infanterie de la

Wehrmacht traverse la ville, elle fait une halte devant les grilles de la préfecture. Son commandant hèle le préfet stoïquement planté dans la cour et lui demande de franchir les grilles pour le rejoindre. Moulin refuse : il exige d'être fait prisonnier dans le périmètre de son territoire. Non une manifestation d'orgueilleuse rigidité, mais le maintien d'une certaine dignité. Le principe est un symbole. L'Allemand et sa colonne poursuivent leur route. La reddition est remise à plus tard.

C'est le premier non de Jean Moulin. Pour cette guerre-là, contrairement à la précédente, il ne sera pas un frôleur d'événements.

Chartres est un peu moins française. Le préfet, flanqué du grand vicaire et d'un conseiller municipal, attend l'envahisseur. Les trois couleurs flottent encore au-dessus de la grille ; il les regarde intensément « comme si nous voulions en emplir, en rassasier nos yeux pour longtemps ». L'instant d'après, il remet son département aux mains des Allemands. Le drapeau nazi flotte au-dessus de l'hôtel de la préfecture, siège de la Feldkommandantur 751.

Le courage et l'efficacité, le dévouement et le sens de l'organisation du préfet d'Eure-et-Loir durant les folles journées de l'exode forcent l'admiration. Il est dans son rôle. Mais on peut l'être avec plus ou moins de réussite : irréductible aux seules questions de trafic routier, de pillage et de ravitaillement, elle se mesure aussi à l'empreinte humaine laissée par un responsable dans la mémoire d'une population.

Ce jour-là, vers 18 heures, deux officiers allemands interrompent le repas du préfet avec ses postiers. Le général le demande. En chemin, il comprend vite de quoi il retourne : la veille, à 12 kilomètres de la ville, près d'une voie de chemin de fer, des enfants ont été tués et des femmes violées puis massacrées. Or non seulement la Wehrmacht veut faire endosser l'affaire aux troupes noires de la « Coloniale » française, mais elle attend du préfet qu'il confirme leur responsabilité en apposant sa signature au bas d'un protocole. Moulin s'y refuse aussitôt, n'accusant personne mais disculpant sans hésiter les tirailleurs sénégalais.

L'armée allemande a un problème avec les Noirs. Dans ses rangs, on est choqué que la France laisse ses soldats se battre au coupe-coupe dans les combats au corps à corps. Les Allemands jugent cette arme indigne d'un pays civilisé contrairement au gaz moutarde, dont ils tirent grand orgueil ; les habitants d'Ypres apprécient certainement qu'on l'ait baptisé « ypérite » en souvenir de sa première utilisation militaire, en 1917.

Les tirailleurs sénégalais du 26ᵉ régiment ont bien résisté. L'ennemi leur pardonne d'autant moins qu'il a encore en mémoire l'occupation de la rive gauche du Rhin au début des années 20 par des troupes coloniales. Des bêtes en uniforme. Des sauvages aux mœurs inhumaines. Des singes armés d'un fusil. Là-bas on les appelait ainsi. La *schwarze Schmach*, la « honte noire », reste gravée dans les esprits. Une profonde humiliation dont les Allemands ne se sont pas encore remis. Inutile de préciser que lorsque les soldats de la Wehrmacht décou-

vrent en face d'eux, en juin 1940, ces tirailleurs, ils
croient voir les pères dans le visage des fils. Résultat :
massacres et exécutions sommaires. Plusieurs monu-
ments en l'honneur des coloniaux tombés lors du premier
conflit mondial sont détruits. On tue même les morts.

Le préfet est donc emmené dans une maison de la rue
Docteur-Maunoury, vite entouré de plusieurs soldats
debout et d'officiers assis derrière un bureau. Le document est sur la table. Il n'a plus qu'à signer. Hors de question. Il parle d'infamie, d'indignité, d'honneur. On le
bouscule, on le pousse, on le moque. Ils essaient à nouveau de le convaincre. Le préfet réclame des preuves, les
officiers parlent d'expertises univoques, la nature des
mutilations n'est-elle pas une signature nègre ?

Le sourire que le préfet ne peut réprimer en décou-
vrant la qualité de l'expertise lui vaut quelques insultes,
un canon pointé dans le dos et la nervosité accrue des
interrogateurs. Les coups de botte succèdent aux coups
de crosse. Il s'écroule, se relève, s'affale. Encore des
coups, avec la laisse du chien cette fois. Toujours pas de
général. Seulement des officiers bien décidés à parvenir
à leurs fins moyennant quelques humiliations. Ils ten-
dent la feuille de papier et le stylo, il les repousse d'un
geste. Dialogue de sourds : d'un côté un préfet qui parle
honneur, dignité, sens moral ; de l'autre des petits chefs
de guerre qui jouissent de leur victoire. La France !
lance-t-il en espérant les tirer vers le haut ; la France...,
répondent-ils en l'entraînant vers le bas.

Un mot revient sans cesse dans la bouche du Français : preuve, je veux des preuves, donnez-moi des preuves si vous voulez ma signature ! N'y tenant plus, ils l'emmènent en voiture sur la route de Châteaudun. La campagne n'a jamais été aussi belle, du moins jusqu'au village de Saint-Georges. À partir de là, c'est l'horreur, au hameau de La Taye. Neuf corps de femmes et d'enfants gisent près de la voie de chemin de fer, dans un hangar au fond d'une cour. Mutilés, martyrisés, criblés de balles. En fait de preuves, le préfet ne se voit présenter que de malheureuses victimes de l'aviation allemande. Il sait parfaitement que ces femmes et ces enfants ont été tués lors du bombardement d'une voie ferrée. Tout cela est établi.

Les coups pleuvent de nouveau. On l'emmène dans une arrière-cour pour le confronter à une preuve : un tronc de femme aux membres sectionnés, la tête en bouillie. Des bombes ne découpent pas des bras et des jambes avec une telle précision, lui dit-on. On le pousse sur la chose putride et sanguinolente et on l'enferme là jusqu'à la tombée de la nuit.

Quand la porte s'ouvre quelques heures plus tard, on lui brandit ce maudit document, qu'il se refuse toujours à signer. Retour à Chartres. Un autre officier, d'un grade plus élevé, l'attend derrière une table sur laquelle repose le document : « Pourquoi cette résistance inutile ? Nous savons très bien que nous vous ferons signer... Je vous laisse réfléchir. »

Pour Moulin, c'est tout réfléchi, et c'est non. Le préfet est obligé de rester debout mais ses jambes se dérobent à chaque instant. Il est exténué, on le harcèle. Toujours non. On décide alors de le transférer en auto dans un immeuble isolé. Au bout d'un couloir, on le jette dans une salle à manger dévastée. Nul besoin de l'enfermer à la cave pour le mettre plus bas que terre.

Au sol, un matelas ; allongé sur le matelas, un tirailleur sénégalais ; dans le dos, les ricanements de la soldatesque. On fait chuter le Blanc sur le Noir : « Comme nous connaissons maintenant votre amour pour les nègres, nous avons pensé vous faire plaisir en vous permettant de coucher avec l'un d'eux... »

Le préfet fait ses comptes dans l'obscurité : l'épreuve dure depuis sept heures. Il est à bout. Son compagnon d'infortune s'endort. Que faire ? Pas question de fuir : il se sent trop faible, et les issues sont bien gardées. Si on lui applique le même régime au réveil, il ne tiendra pas, il le sait. Alors signer ou mourir. Signer, ce serait se déshonorer. Se suicider reste la solution : sa mère, la seule personne qui pourrait lui demander des comptes, comprendra qu'il l'a fait pour qu'elle n'ait jamais à rougir de lui.

Hamlet, III, I, 58 est une scie existentielle dont on néglige la ponctuation. Car après « Être ou ne pas être ; c'est cela la question » il y a bien un deux-points, lequel introduit à l'essentiel :

> *Savoir s'il est plus noble pour l'esprit d'endurer*
> *Les coups de fronde, les flèches, de l'outrageuse Fortune*
> *Ou de prendre les armes contre une mer d'épreuves,*
> *Et, s'y opposant, les finir. Mourir, dormir.*
> *Pas plus, et par un sommeil dire qu'on met fin*

Aux angoisses et aux mille atteintes naturelles
Dont hérite la chair — c'est un achèvement
À désirer avec ferveur. Mourir, dormir.
Dormir, rêver peut-être. Eh ! c'est là qu'on achoppe,
Dans ce sommeil de mort ce qu'il se peut qu'on rêve
Quand on s'est évadé du mortel tourbillon
Nous force à réfléchir. C'est d'y avoir égard
Qui fait si longue vie à la calamité,
Car qui voudrait du fouet et des mépris du monde,
De l'injuste oppresseur, de l'orgueil insultant,
Des affres de l'amour dédaigné, des lenteurs de la loi,
De la morgue des gens en place, des rebuffades
Que reçoit des médiocres le mérite patient,
Quand il pourrait lui-même se donner son quitus,
Avec une simple lame ? Qui supporterait ces fardeaux,
Pour gémir et suer, accablé par la vie,
N'était que la terreur d'un après de la mort,
Pays inexploré, confins d'où ne revient
Nul voyageur, laisse perplexe le vouloir,
Et fait que nous souffrons plutôt nos maux à nous
Que de voler vers d'autres qui nous sont inconnus ?
La conscience fait ainsi des poltrons de nous tous,
Et la couleur innée de la résolution
Pâlit sous la pensée qui la rend maladive ;
Alors les entreprises capitales et de poids,
Détournant leur courant à voir ce qu'il en est,
Perdent le nom d'action [1].

---

1. Traduction Michel Grivelet, in *Œuvres complètes*, édition bilingue, Robert Laffont, « Bouquins », 1995.

On gagne toujours à pousser la porte et regarder ce qui se cache derrière deux points : le cas de conscience du préfet d'Eure-et-Loir s'y trouve tout entier élucidé. Tout Shakespeare est une explication du monde.

Hamlet, Moulin. Une pensée prolongée par un geste, lequel a quelque chose de théâtral. Sauf que personne ne regarde.

Les bombardements ont pulvérisé les fenêtres. Avec les débris de verre jonchant le sol, le préfet ne s'ouvre pas les veines de la main qui doit signer, mais se tranche la gorge qui va hurler.

Au petit matin, les soldats le retrouvent baignant dans son sang. Un médecin-major allemand accourt et lui dispense les soins d'urgence. Les premiers mots du préfet sont pour disculper le tirailleur déjà soupçonné de meurtre rituel. On emmène en urgence l'agonisant à l'hôpital, où les Allemands viennent aussitôt le chercher. Il leur faut dissiper au plus vite le « malentendu ». Dans le couloir, un officier livre déjà sa version à la responsable ébahie : « Vous ne saviez pas, ma sœur, que votre préfet avait des mœurs spéciales. Il a voulu passer la nuit avec un nègre, et voilà ce qu'il lui est advenu... »

Jean Moulin, l'homme à femmes, le dragueur et le séducteur, un homosexuel ? Cela s'est dit et se dit encore, mais ne s'imprime pas.

La Wehrmacht est la première à lancer le venin du soupçon : elle lui prête le « goût des nègres » et de leur légendaire puissance sexuelle. Puis la clandestinité donne consistance à l'insinuation : ce qui est caché est nécessairement suspect. Sa proximité enfin avec Daniel Cordier, homosexuel sans complexe, ajoute à l'ambiguïté, même si cela ne se savait guère à l'époque. Nul besoin de forcer sur la mythologie des années noires pour y voir un couple. Sauf à se rappeler que, respect, loyauté et admiration mis à part, le secrétaire de vingt-deux ans tenait le préfet de quarante-deux ans pour un vieux. Pas son genre. De son second séjour à Londres, Jean Moulin lui rapporte un foulard en cachemire en signe d'amitié.

Sur le sujet, on ne sait rien de plus. Alors l'insinuation plutôt que l'accusation. Une rumeur fait davantage de dégâts ; elle s'instille, se faufile, s'installe. Même Henri Frenay dans son livre n'a pas osé aller jusque-là. Autrefois, ce vil bruit aurait profondément terni la réputation de Moulin. Aujourd'hui beaucoup moins. Demain cela ajoutera à sa gloire.

L'insinuation pire que l'accusation : elle ne requiert pas de preuve. Juste des bruits sourds, des haussements de sourcils, des noms lâchés en pâture. La rumeur est toujours une saleté. Cette pieuvre obscène se nourrit d'amalgames, d'anachronismes et de sources opaques avant de recracher la pire des vérités : celle qui se présente comme la vérité enfin.

Ce « discrédit » homosexuel jeté sur Jean Moulin, un non-écrit à défaut d'être un non-dit, en dit davantage sur « eux » que sur lui. Tout comme le soupçon d'appartenance à la franc-maçonnerie. À l'invisible cohorte des compagnons de route du PC. Aux obscurs services de renseignements soviétiques. Comme s'il devait subir tout le registre de la vieille rhétorique obsidionale. Nul ne l'a encore accusé d'avoir longtemps judaïsé en secret mais il ne faut pas désespérer, les voies du marranisme sont impénétrables.

Sa séquestration et sa tentative de suicide se passent entre le 17 et le 18 juin 1940. Jean Moulin n'a pas entendu l'appel du général de Gaulle : il a un alibi. Quatre jours plus tard, le préfet reprend son activité, en liaison avec la Kommandantur. L'incident est clos.

La vie reprend son cours. Tout ça pour ça ? Juste une signature administrative au bas d'un papier. Les Allemands y ont renoncé. Il ne sera pas dit que l'armée d'occupation ne sait pas se tenir. Plus tard, à la veille du débarquement, dans leurs instructions aux soldats britanniques, les responsables militaires préviendront d'emblée : « Tenez-vous correctement une fois en France car dans l'ensemble le soldat allemand s'y est bien comporté, ainsi qu'il en avait reçu l'ordre de ses supérieurs, afin de mieux amener la France au nouvel ordre européen. »

L'atmosphère devient cordiale. Pas de suite disciplinaire. Une affiche couvre les murs de Chartres : « Populations abandonnées, faites confiance au soldat allemand ! »

Un mois plus tard, par un vendredi de juillet, Roger Langeron, préfet de police, déjeune chez le recteur. Soudain, son vieux camarade Moulin fait une entrée remarquée, la tête entièrement bandée : « Il a été emprisonné, brutalisé et blessé par les Allemands à leur arrivée dans son département. Il n'est pas de ceux qui ont fui leur poste, ni qui se sont montrés dociles. Un homme de son caractère ne peut pas s'incliner ! » note le préfet de police dans son Journal.

Quelques jours après, dans une lettre au ministre de l'Intérieur, le préfet d'Eure-et-Loir relate les événements courants survenus dans son département depuis le début de l'invasion. Puis quand vient le moment d'évoquer son affaire, il écrit simplement : « Un des rares incidents qui se soient produits depuis l'entrée des troupes allemandes est celui dont j'ai été la victime les 17 et 18 juin, incident sur lequel j'ai décidé de faire le silence, dans un but d'apaisement. »

Incident, c'est vraiment le mot.

Il n'en dit pas plus, mais on peut imaginer que le ministre a les moyens d'en savoir davantage.

Quand son ami Pierre Meunier lui rend visite à Chartres en septembre, il est aussitôt frappé par son écharpe. On ne porte pas une écharpe par une chaleur pareille. Jean Moulin reste celui qui a tenu tête aux nazis, seul, dans son grand uniforme de préfet de la République. Il n'est pas indispensable d'être chrétien pour se retrouver du côté du Péguy de *L'argent* :

Celui qui rend une place ne sera jamais qu'un salaud, quand même il serait marguillier de sa paroisse (et quand même il aurait toutes les vertus)…

Le préfet reste à son poste en un temps épouvantable. Cet effondrement général des valeurs, des maisons, des institutions offre un visage d'apocalypse. Il ne démissionne pas pour mieux protéger ses administrés des excès de la soldatesque : les reîtres de la Wehrmacht ne rentreront dans l'ordre qu'à la fin de l'été. Le haut fonctionnaire demeure fidèle à son idéal du service de l'État, quand bien même celui-ci lui serait infidèle. Pourquoi ne démissionne-t-il pas lorsque la Révolution nationale baisse le masque ? On ne le saura jamais. Hypothèses, spéculations et conjectures. Du vent pour l'historien. Ce qu'on exige de lui est une mission impossible : considérer la vie de Jean Moulin en oubliant les conditions de sa mort.

L'historien combat l'anachronisme comme l'hydre de Lerne : sitôt coupées, les sept têtes du serpent repoussent. Mais malgré ses efforts, il ne peut décemment analyser les ambiguïtés du préfet en faisant abstraction de la netteté du résistant qui lui succédera.

Le fait est que le premier des résistants n'est pas le premier résistant.

En juillet, en août, en septembre, des décrets succèdent aux lois qui visent à bannir chaque jour davantage les Israélites de la société française dans le but vite avoué de l'en purger. On leur interdit l'accès à la fonction publique, on les exclut des professions médicales, et le cas échéant on annule leurs naturalisations. Le Statut des Juifs du 3 octobre 1940 en est l'aboutissement logique.

Quand plusieurs médecins du département se scandalisent de ce que des confrères soient privés de leur blouse blanche par les nouvelles lois, il transmet, mais l'on ne sache pas qu'il y ait inséré le moindre mot de soutien.

Celui qui a refusé un faux dénonçant des Noirs accepte un vrai excluant des Juifs. La morale de guerre serait-elle à géométrie variable ? Ainsi fait-il procéder sans difficulté au recensement des Juifs dans son département. Une demande des Allemands mais sous contrôle français et à destination de Vichy. Quand on lui transmet le papier, il griffonne quelque chose dans la marge. Mais quoi ?

Moulin n'est pas antisémite, il est français. À la fin de l'été 1940, le sort des Juifs n'est pas une priorité, ni même une préoccupation. Il vient bien après les deux soucis de l'heure, le rationnement et le sort des prisonniers, au nombre de 1 600 000. Les mesures dont les Juifs sont victimes n'émeuvent pas outre mesure, c'est-à-dire pas davantage que les mesures dont sont victimes des hommes politiques, des francs-maçons et des hauts fonctionnaires. Elles reflètent le vrai visage des nouveaux maîtres. Si Vichy ne surprend pas, Vichy n'indigne pas non plus. En tout cas, s'agissant de Jean Moulin, on n'en trouve pas trace.

Un préfet est un animal à sang froid. Disons qu'il n'en pense pas moins.

Curieusement, celui qui choisit la mort volontaire plutôt que le déshonneur d'un préfet attend d'être dénoncé pour quitter son poste. Révoqué le 2 novembre 1940, il part le 16. Quatre mois se sont écoulés depuis l'affaire. Pourquoi n'a-t-il pas démissionné au lendemain de son suicide avorté ? Pour servir ses administrés et ne pas attirer l'attention. Mais alors pourquoi ne l'a-t-on pas écarté juste après son épreuve de force avec les Allemands ? Poser ces questions ne procède pas de l'anachronisme. Demeurer fidèle à son poste en conscience lorsqu'on exerce de telles responsabilités, c'est se risquer sur la voie des compromis. Au sens propre, se compromettre. Nul ne songera jamais à le reprocher aux préfets de l'époque ; seul Jean Moulin est soupçonné en raison de ce que l'Histoire a fait de lui : l'immaculée conception de la Résistance.

Plus étrange encore, entre-temps, celui qui a toujours excipé de sa fierté d'être l'arrière-petit-fils d'un soldat de la Révolution et le petit-fils d'un homme qui avait connu les prisons du second Empire pour avoir osé proclamer son attachement à la République, celui-là consent ès qualités, par sa présence à son poste et par sa signature, aux premières mesures du nouveau régime. À tout ce qui inaugure la mise à mort de la République française et à son remplacement par l'État français : l'épuration administrative, l'exclusion des Français naturalisés de la fonction publique puis des professions libérales, l'introduction du principe de rétroactivité des lois, le bannissement des sociétés secrètes à commencer par la franc-maçonnerie, la légalisation de l'apologie de la haine raciale par voie de presse, les ordonnances allemandes sur le recensement des personnes et des biens juifs de zone occupée suivies de la loi portant statut des Juifs promulguée par Vichy... Pour exécuter lentement et avec réticence certaines de ces mesures dans quelques cas, il ne les en exécute pas moins.

Beaucoup de couleuvres à avaler pour celui qui vient pourtant de mettre sa vie en jeu et un point d'honneur à ne pas discréditer une unité de tirailleurs sénégalais.

Le préfet Jean Moulin ne donne aucun gage, nul assentiment, pas le moindre consentement à la personne du Maréchal, à celle du chef de l'État non plus qu'au nouveau régime. Il certifie sur l'honneur être totalement étranger aux sociétés secrètes, mais sa conscience en ressort intacte puisqu'il n'est effectivement pas franc-maçon. On ne relève pas le moindre signe de zèle dans son comportement. Vingt-trois années au service de la République laissent des traces. Haut fonctionnaire jusqu'au bout, fût-ce en état d'exception. Républicain malgré tout, fût-ce en l'absence de république. Cela se traduit en la circonstance, durant les cinq mois de son mandat sous occupation, par un dévouement sans limites à la défense et au service de ses administrés, et par une efficacité appréciée dans l'exécution des directives de la Feldkommandantur.

Une telle situation est pour lui encore tolérable. En 1940, dans l'onde de choc de la défaite, certainement, mais au-delà ? La question ne se posa pas.

Le premier grand mouvement préfectoral commence le 17 septembre et dure jusqu'à la fin de l'année 1940. M. Peyrouton, nouveau ministre de l'Intérieur, veut extirper l'ancien régime du grand corps des représentants de feu la république. Trente-six préfectures changent de titulaire. On déplace, on met à la retraite, ou en disponibilité, on révoque. Ils y passent tous. Il ne s'agit même pas d'épurer mais d'éloigner. On appelle ça alors une régénération.

Avec son casier, Jean Moulin devrait figurer en tête de liste de ce grand ménage. D'autant qu'il se distingue de ses collègues en refusant que la langue allemande soit systématiquement utilisée dans la rédaction des documents administratifs. Or il en est absent. Les officiers allemands occupant Chartres ont rendu des rapports favorables sur lui. Ses supérieurs également. Il figure tout de même sur une seconde liste. Il le doit à l'envoyé spécial de l'Intérieur, qui écrit à son propros : « Fonctionnaire de valeur mais prisonnier du régime ancien. » C'est à se demander lequel ne l'est pas, des quatre-vingt-quatorze préfets en place au moment de l'invasion allemande.

Ce qui lui est reproché, ce n'est pas de s'être dressé de toute son autorité républicaine contre l'envahisseur, mais d'avoir nommé à ses côtés comme sous-préfet Maurice Viollette, un franc-maçon qui arbore ostensiblement son mépris pour Vichy.

Relevé de ses fonctions le 2 novembre 1940 par un décret signé du maréchal Pétain, Jean Moulin cède son fauteuil quatorze jours plus tard. Nul n'en sait rien car à l'époque Moulin n'est personne. Juste un serviteur de l'État. La Beauce n'est pas un désert. L'infirmière-chef Jane Boullen, qui s'active aux côtés du préfet, voit pourtant du Lawrence d'Arabie en lui. Il faudrait relire *Les sept piliers de la sagesse* pour consentir au mirage.

Londres demandait aux hauts fonctionnaires de rester à leur poste afin de noyauter l'Administration. Dehors et dedans à la fois. Tant pis si dans tout double jeu on trahit forcément l'un des deux. À quoi bon garder les mains propres quand on n'a plus de mains ?

Refuser de signer est exemplaire, vouloir en finir est moins admirable.

La Première Guerre mondiale a été le théâtre de bien des horreurs mais on n'y a pas torturé de prisonniers. Ni d'un côté ni de l'autre. Ce n'est donc pas un spectre redouté. Il y a bien des rumeurs mais Jean Moulin est un homme suffisamment averti de la chose politique pour faire la part de la propagande. À en croire la TSF et certaines gazettes, quand « ils » seront là ce sera la fin du monde. Au fond, l'erreur de perspective est à peine une maladresse sémantique : juste la fin d'*un* monde.

Moulin tente de se suicider en 1940 alors qu'il ne sait rien : il n'a aucun secret à révéler et il ignore encore de quoi les Allemands sont capables. Tout le monde l'ignore, les Allemands aussi probablement, surtout ceux qui ne veulent pas savoir. Trois ans plus tard, quand il est l'homme qui en sait le plus, il tient bon. Sa mémoire est bourrelée de secrets et il connaît parfaitement les méthodes de l'ennemi pour acheminer un prisonnier vers la mort la plus lente, à travers toutes les stations d'une souffrance animale,

Entre-temps, le préfet Moulin est devenu Max.

On n'a pas à juger un suicide. On se l'interdit même. Mais un suicide qui appartient à l'Histoire ? C'est un acte de démission et de résignation, mais aussi un acte de protestation et de vengeance contre ceux qui l'ont acculé à en finir. La coutume passe pour très chinoise, qui consiste à faire perdre la face de l'auteur d'une injustice dont on est la victime en lui envoyant publiquement notre mort volontaire en pleine figure.

C'est un acte par lequel l'homme arrache quelque chose à la mort. Un acte de liberté absolue que celui qui consiste à être homicide de soi.

Qui meurt en France pendant l'été 40 ? Lugné-Poe, Vuillard et quelques autres encore, des artistes. Ils meurent du cœur et de l'armistice. La débâcle, la défaite et leur cortège d'humiliations ont raison de leur situation cardiaque.

Qui se suicide en France à l'été 40 ? Très peu de gens. C'est une vérité statistique : en période de guerre, on ne se tue pas. Les courbes en témoignent, elles piquent du nez en 1870 et de 1914 à 1918. Durkheim l'avait déjà relevé, l'Histoire le confirme. Les guerres font diminuer le taux de suicide. Jamais comme en temps de guerre la mort est « si difficile et si facile », ainsi que l'écrit Eluard. Se tuer dans de telles circonstances est un défi supplémentaire à l'oppresseur car c'est conserver jusqu'au bout la maîtrise de son destin face à celui qui voudrait la ravir, quitte à usurper cette souveraineté au Seigneur.

Même les fous n'attentent pas à leur vie, cet été-là. À l'hôpital psychiatrique d'Auxerre, où des mélancoliques font souvent des tentatives de suicide, on suspend le geste au moment même de la débandade, où les portes sont ouvertes et que nul n'est là pour empêcher que l'on mette soi-même un terme à sa vie. Le docteur Pierre Scherer confirme que la névrose d'effroi surgie dans la

débâcle du peuple groggy, frayeurs intenses et renouve-
lées durant l'exode, ne s'achève pas dans le suicide mais
dans une grande confusion mentale. Malades et infir-
miers se sauvent ensemble. Dehors chacun redevient le
gardien de son frère. Il faut juste être capable de marcher. Un bruit court dans la région : on a lâché les fous.

Dans *La cité de Dieu*, saint Augustin associe le suicide
à la lâcheté et à la vanité. On peut être coupable de sa
mort. On n'a pas le droit de se tuer car ce serait fuir des
tourments passagers au risque de tomber dans des tourments éternels. De Gaulle rappellera qu'un chrétien ne
se suicide pas. À moins que ce ne soit l'ultime moyen de
se soustraire aux tortures, ou qu'il ne s'agisse d'abréger
des souffrances dans la perspective d'une mort certaine.
Le Général aurait pardonné à cet homme mis dans
l'obligation d'achever sa fille adorée et qui, fou de déses-
poir, se jette dans la Marne ; juste avant, il remet une
somme au maire de Nogent pour les obsèques.

Thierry de Martel a alors soixante-quatre ans. Il est
médecin-chef à l'Hôpital américain de Neuilly. On lui
doit d'avoir mis au point la chirurgie de l'hypophyse et
d'avoir inventé un trépan. C'est quelqu'un, et pas seulement par son illustre aïeul. Il est le fils de Sibylle-
Gabrielle-Marie-Antoinette de Riquetti de Mirabeau,
comtesse de Martel de Janville, auteur à succès, sous le
nom de plume de Gyp, d'une centaine de romans, d'une
vingtaine de pièces et de nombreux articles se distin-
guant par la virulence de leur antisémitisme absolu. Lui-

même se dit nationaliste, proche des ligues et de l'Action française, mais sans l'excès de sa mère.

L'ennemi le dégoûte. Quelque chose de viscéral. Il ressent avec une acuité toute particulière l'humiliation de la défaite. Nul n'est mieux placé que le Drieu la Rochelle de *La comédie de Charleroi* pour le comprendre. Chirurgien aux armées pendant la Première Guerre, Martel l'a soigné sous le déluge de boue, de fer et de sang. Leur amitié s'est scellée là. Et surtout, l'écrivain fait partie de ceux qui savent : un jour, dans les tranchées, sur sa table d'opération, Martel a reconnu le corps de son propre fils, déposé par les brancardiers. Sa haine de l'Allemand est née à cet instant-là.

Ce 14 juin 1940, Thierry de Martel est chez lui. C'est un vendredi. Paris est déclarée ville ouverte : elle ne se défendra pas. Il met de l'ordre dans ses affaires. Puis il souligne un vers dans *Hernani* laissé ouvert à cette page de l'acte IV, scène VI où le héros sort du groupe des conjurés afin de s'adresser à Don Carlos :

Puisqu'il faut être grand pour mourir, je me lève !

Une piqûre de strychnine, loin de l'honneur castillan mais au plus près du déshonneur français, et c'est fini. Le jour même de l'entrée des Allemands dans Paris. Son ami William Bullitt, ambassadeur des États-Unis, reçoit une lettre de lui :

Je vous ai fait la promesse de ne pas quitter Paris, je ne vous ai pas dit si je resterais à Paris mort ou vivant. En y restant vivant, c'est un chèque barré que je remets à mes adver-

saires. *Si j'y reste mort, c'est un chèque sans provision.*
Adieu.

Le professeur de Martel a préparé l'attentat contre sa
propre vie avec la même méticulosité que ses actes opé-
ratoires. Il a d'ailleurs pris soin de laisser une lettre à son
infirmière, la prévenant que toute tentative de le
ramener à la vie serait vouée à l'échec.

Sophie Morgenstern a soixante-cinq ans. C'est une
Française d'origine juive polonaise. Elle est la pionnière
de la psychanalyse pour enfants. Ce ne serait pas la
trahir que d'en faire une héritière d'Anna Freud et l'ins-
piratrice de Françoise Dolto. Elle a perdu sa fille Laure,
une brillante égyptologue, des suites d'une opération de
la vésicule biliaire. Depuis, elle survit. Le 16 juin 1940,
quand elle voit flotter le drapeau à croix gammée sur
Paris, elle se donne la mort.

M. et Mme Véry sont des bourgeois de Vichy. Lui est
négociant et capitaine de réserve. La police les retrouve
allongés sur leur lit, asphyxiés par le gaz. Il porte son
uniforme d'officier. Une lettre en date du 19 juin justifie
leur geste : le choc de la défaite, après la mort récente de
leur fille, c'est plus qu'ils ne peuvent supporter.

De Thierry de Martel, *Paris-Soir*, qui le présente
comme la « gloire chirurgicale française », dit qu'il était
très bien habillé lorsqu'on a retrouvé son cadavre chez
lui, près d'un volume de Victor Hugo et d'un tube de
phénobarbital.

De Sophie Morgenstern, la revue *L'Évolution psychia-trique* dit dans sa notice officielle, signée par un membre fondateur de la Société psychanalytique de Paris, que cette Polonaise d'origine, qui ne s'était jamais remise de la mort de sa fille, s'est éteinte « silencieusement et sereinement » ; l'auteur de la notule lie sa disparition à l'absence de perspective professionnelle qu'entraînerait fatalement pour elle l'Occupation. C'est tout. Ni juive, ni suicidée.

Du couple Véry, il est peu question car ce sont des gens comme les autres.

D'après les Renseignements généraux, durant ces quarante-huit heures pendant lesquelles la Wehrmacht s'installe dans la capitale, et le maréchal Pétain demande l'armistice, une quinzaine de Parisiens se donnent la mort. Moins de vingt personnes sur le million qui n'a pas quitté la capitale.

D'autres suicides suivent au cours de l'été. Des Allemands ou des Autrichiens en exil. Ils savent ce qui les attend. Des pneus de voiture qui crissent sur le gravier, ces bruits de pas en rafale dans l'escalier, les cris chez les voisins, on frappe à la porte avec insistance, une fois, deux fois, avant les coups de botte pour la défoncer. Ils connaissent tous l'histoire d'Egon Friedell, dramaturge et historien juif, qui s'est jeté de la fenêtre de son appartement, à Vienne en 1938, à l'instant même où les SA tambourinaient à l'entrée.

La vie se joue dès le seuil de la porte.

Mais en France allemande ? La même chose. Le

romancier Ernst Weiss a quitté Vienne pour Paris au moment de l'Anschluss. À cinquante-cinq ans, il n'a plus le cœur à fuir. Seul dans son petit hôtel de la rue de Vaugirard, il s'empoisonne puis, dans la salle de bains, se sectionne les veines. Peu après, au camp des Milles près d'Aix-en-Provence, Walter Hasenclever en finit lui aussi en augmentant la dose de Véronal. Le mathématicien Wolfgang Döblin, fils du romancier, était venu à Paris soutenir — brillamment — sa thèse ; il s'est fait incorporer sous le nom de soldat Vincent Doblin. Quand les Allemands entrent dans Paris, il se donne la mort. Au cœur de l'été, c'est au tour de l'historien de l'art Carl Einstein : libéré du camp de Gurs, il ne trouve pas le moyen de s'embarquer en direction des États-Unis ; hors de question pour l'ancien de la colonne Durruti de se réfugier dans l'Espagne de Franco. Son grand ami Kahnweiler craint qu'il ne mette sa menace à exécution : « Si la Gestapo est à mes trousses, je me fous à l'eau ! » Après s'être ouvert les veines, il se jette dans le gave de Pau.

La France les a trahis : la convention d'armistice ne leur laisse aucun espoir. L'article 19 supprime de fait le droit d'asile. Le 27 août, la police française commence à livrer ses émigrés à la Gestapo. Allemands ou autrichiens, intellectuels la plupart du temps, juifs le plus souvent, antifascistes toujours. Quatre raisons plutôt qu'une d'être quatre fois torturés, fusillés ou déportés. Un mois après, Walter Benjamin, ne pouvant plus tromper son angoisse en lisant, entreprend de gagner l'Espagne, porte de l'Amérique, en traversant les Pyrénées à pied. « Dans une situation sans issue, je n'ai d'autre choix que d'en finir... »

Ainsi débute sa dernière lettre. Refoulé, il se suicide dans la ville frontière de Port-Bou. Une forte dose de morphine l'attendait au fond de sa poche.

Mais il y eut encore Georges Basch, médecin militaire et fils de Victor Basch. Le fils du rabbin Zadoc Kahn aussi. Un peu plus tard, en octobre, l'écrivain Moïse Twersky, un Juif d'Ukraine émigré en France au début du siècle, auteur à succès, avec André Billy, d'une trilogie romanesque lancée par Plon.

Quelques mois après, Arthur Koestler dédie *La lie de la terre* « à la mémoire de [ses] confrères les écrivains exilés d'Allemagne qui se suicidèrent lorsque la France capitula ». Une épître dédicatoire peut avoir la grandeur d'un livre. Un poème également. Celui que la « libre mort de l'exilé W.B. » inspira à son ami Brecht vaut pour tant d'autres suicidés de cette origine-là à cet instant-là dans ce pays-là :

J'apprends que tu as levé la main sur toi-même
Devançant ainsi le bourreau.

Après huit ans d'exil passés à observer le monde de l'ennemi
Rejeté à la fin vers une frontière infranchissable
Tu as franchi, me dit-on, une frontière infranchissable.

Des empires s'écroulent. Les chefs de bande
Paradent en jouant les hommes d'État. Les peuples
Disparaissent, invisibles sous les armements.

Ainsi l'avenir est dans la nuit et les forces des bons
Sont chétives. Tout cela tu le vis
Quand tu détruisis ton corps torturable.

Des Juifs, des réfugiés, des déprimés. Le peuple des morts volontaires dans la France de l'été 40. Mais on ne connaît pas de préfet qui se soit suicidé. Sauf Moulin.

La Résistance ne s'écrit pas alors avec une majuscule. Elle ne s'écrit même pas. Il faut la chercher dans les limbes, où elle ressemble encore terriblement au nouvel ordre des choses. Un manifeste attribué à Henri Frenay, lequel regroupe les tout premiers résistants au sein du Mouvement de libération nationale, dit son attachement passionné à l'œuvre du maréchal Pétain et aux réformes qu'il a entreprises. On y retrouve même l'air du temps racial, jusque dans le recrutement des futurs combattants de l'armée des ombres : « Tous ceux qui serviront dans nos rangs, comme ceux qui s'y trouvent déjà, seront des Français authentiques. Les Juifs serviront dans nos rangs s'ils ont effectivement combattu dans l'une des deux guerres. »

Exhumé par Daniel Cordier, ce manifeste remonte selon lui à novembre 1940. Pétain a déjà serré la main d'Hitler à Montoire sous l'objectif du photographe.

Compliqué, la guerre.

On commence à peine à parler de la première mort de Jean Moulin. On en parlera longtemps encore. Des siècles que l'on juge la mort de Caton selon que l'on se réfère à Sénèque ou à Plutarque, à Montaigne ou à Hugo. Seule la manière ne souffre pas la dispute : il se précipite sur la pointe de son épée. Tout est dans le grand livre de Maurice Pinguet, *La mort volontaire au*

Japon. « Il n'est pas d'acte plus ambigu que le suicide, qui semble toujours lancé comme une énigme aux survivants. Mourir d'accident ou de maladie, ce n'est que mourir, mais se tuer, c'est faire du silence même de la mort l'écho du labyrinthe. »

Saint Augustin n'est jamais loin. Se tuer, c'est tout à la fois renoncer, contester, dénoncer.

Le préfet de l'Eure se fait *seppuku* : il s'éventre par la gorge d'où ne doivent pas sortir les mots du consentement au déshonneur. Le suicide est l'attitude la plus fière et la plus raisonnable d'un vaincu. Mais jusqu'où un homme peut-il aller pour conserver sa dignité ? Cette tentative de suicide n'en est pas moins le geste fondateur de l'action du futur résistant à la tête de l'armée des ombres.

Troublante disproportion entre la raison à l'origine du geste et la gravité même du geste. Celui qui se jette contre l'épée de l'infidèle pour n'avoir pas à se rendre a secrètement partie liée avec l'idéal chevaleresque et le sacrifice chrétien. On conçoit bien aussi que des officiers de la Légion étrangère se tuent pour n'avoir pas à se déshonorer en déposant leurs armes aux pieds de l'ennemi et en se constituant prisonnier. On comprend que les cadets de Saumur livrent une résistance héroïque aux avant-gardes allemandes et qu'à Moncontour un peloton de dragons préfère l'extermination à la reddition. On admet que l'homme, le citoyen aient réagi, chez de grands commis de l'État, pour se porter volontaires au combat.

Mais un préfet ?

L'ensemble de ce corps fait preuve d'un comportement honorable dans ces journées de juin sans que son honneur n'en devienne pour autant une question de vie ou de mort. Le service de l'État et la haute conception que l'on se fait du bien public n'exigent pas un tel sacrifice. La préfectorale n'entretient pas de relations privilégiées avec le sacré, fût-ce en temps de guerre. Aurait-il signé ce document allemand que nul ne le lui aurait reproché. Lui-même n'avait-il pas prévenu sa mère et sa sœur dans le post-scriptum d'une lettre datée du 15 juin ? « Si les Allemands, ils sont capables de tout, me faisaient dire des choses contraires à l'honneur, vous savez déjà que cela n'est pas vrai. » Comme s'il pressentait ce qui allait advenir et qu'il cherchait à se couvrir.

Parce qu'il s'appelle Jean Moulin et que l'Histoire lui a fait accomplir son destin en saint laïque, nul ne se demandera si l'honneur administratif exigeait qu'il se dessaisisse de sa vie en cas de défaillance. Comme celle de tant d'autres héros malgré eux, la tragédie de sa mort éclaire rétroactivement les zones d'ombre de sa vie, les replis de son âme, son énigme intérieure.

Premier combat est conservé dans les locaux de l'ancienne Bibliothèque nationale, rue de Richelieu, à Paris. À l'étage, en haut de l'escalier monumental, au département des manuscrits. La maison est discrètement accueillante mais le chercheur, même s'il est un habitué, doit montrer patte blanche. Carte de lecteur, justification de la curiosité, demande dans les règles. Bouteilles d'encre, d'eau ou de quoi que ce soit sont interdites. Stylos à peine tolérés. Crayons à mine recommandés.

Nous sommes dans le temple du sensible absolu, celui des documents uniques, où la moindre maladresse peut créer un dommage irréparable.

J'obtiens un petit bureau près de la fenêtre, derrière un mur de fichiers en bois.

Un magasinier dépose les archives de *Premier combat*, après qu'un conservateur en a dûment autorisé la consultation. Trois carnets remplis verticalement, au printemps 1941, alors que Moulin est en villégiature dans sa famille. Sa sœur en a réalisé une copie manuscrite. Qui n'a pas le goût de l'archive ne connaîtra jamais l'ivresse du chercheur à l'instant de toucher des feuilles de papier dont il a rêvé. Celles-là sentent la terre des Alpilles dans laquelle Laure Moulin avait enterré le manuscrit à la demande de son frère.

La lumière du jour n'y suffit pas. On m'apporte une lampe de Wood. Les experts en haute philatélie l'utilisent pour la capacité de son tube à ultraviolets à visualiser les éléments fluorescents des timbres. Rien de tel pour repérer trucages et falsifications. Tel n'est pas mon intention mais la lampe m'aidera à mieux distinguer les graphies sous les différentes encres. Un véritable révélateur de palimpseste.

À l'examen, tout ne coïncide pas entre la copie manuscrite que Laure Moulin fit des carnets de son frère et le livre tel qu'il fut publié après la guerre. À commencer par le titre : *Premier combat* s'intitule en fait *Journal de bord*. Le titre du manuscrit évoque la chronique des événements courants, le titre du livre le place d'emblée sous le signe du suicide comme protestation. Chacun engage le lecteur sur une voie différente. Jean Moulin en choisit une qui lui ressemble, Laure Moulin une autre qui ressemble à l'époque à laquelle elle le publie.

« Pendant sept heures, j'ai été torturé physiquement et moralement » (copie manuscrite), « mis à la torture » (livre, p. 107)

« je finirai par signer, à moins que ? » (copie manuscrite), « par signer. » (livre, p. 107)

« Il n'y a que deux issues à cette lamentable situation : signer ou disparaître » (copie manuscrite), « Le dilemme s'impose de plus en plus : signer ou disparaître... » (livre, p. 107)

« Quand la résolution est prise, il est simple d'exécuter les gestes nécessaires à ce que l'on croit être son devoir » (copie manuscrite), « les gestes nécessaires à l'accomplissement de ce que l'on croit être son devoir » (livre, p. 109)

« Des mois ont passé sans que jamais un officier allemand fasse allusion à mon aventure » (copie manuscrite), « à ma mésaventure » (livre, p. 113)

Sous la loupe, les repentirs de la main de Jean Moulin sur son propre manuscrit ne sont pas moins édifiants :

s'impose de plus en plus ~~à mon esprit~~
« Le dilemme ~~m'est simple~~ : signer ou disparaître...

Fuir ?.. ~~Pour essayer, il faudrait que mes forces le permis-~~

~~sent... Et puis ne serait-ce pas faire comme les autres,~~

~~comme tous ceux qui ont fui devant les responsabilités, la~~

~~faim, donc le danger !... D'ailleurs,~~ c'est impossible... »

« Je ne peux pas sanctionner ~~le déshonneur,~~ cet outrage à l'armée française, et me déshonorer moi-même. »

« ... le sol. ~~Puisque je n'ai pas d'arme, c'est avec ça que je m'ouvrirai la gorge.~~ Je pense qu'ils peuvent... »

« ... nous pouvons ~~aller au petit coin.~~ » aller faire certaine opération matinale

« ... ils se jettent sur moi ~~et me frappent à coups de poing~~ à plusieurs reprises leurs poings s'abattent sur ma tête... »

« 3 h du matin. ~~Les Boches~~ n'arrive pas. » Allemands L'ennemi

~~« ... mon bourreau... »~~ l'officier

Le 14 novembre 1940, le préfet quitte son département. Le dernier jour, une petite cérémonie en son honneur a lieu à la Feldkommandantur. Tout le monde au garde-à-vous. Le major Ebmeier y va de son discours :

« Je vous félicite de l'énergie avec laquelle vous avez su défendre les intérêts de vos administrés et l'honneur de votre pays... »

L'ex-préfet quitte Chartres une fausse carte d'identité

en poche, son écharpe autour du cou. À Londres, il la portera encore. Jacques Baumel souligne même qu'il la porte avec « une touche de dilettantisme ».

Le médecin, les sœurs infirmières de Saint-Paul, la concierge de la préfecture, les employés des Postes, le vicaire général de l'évêché de Chartres, le conseiller municipal, tous ont témoigné du piteux état de Jean Moulin à son retour parmi eux. Mais lui seul a pu rapporter les minutes de son face-à-face avec les Allemands ce jour-là. Il est le seul témoin, celui-là même qui témoigne pour le témoin.

Premier combat paraîtra en 1947 aux Éditions de Minuit issues de la Résistance, précédé d'un avant-propos du général de Gaulle exaltant dans ce non de juin 40 le premier acte de résistance du premier des résistants. L'auteur, le titre, l'éditeur, le préfacier, tout est parfaitement cohérent. Ne manque que la photo de Jean Moulin. La couverture blanche à liseré noir est purement typographique mais elle porte une écharpe pour qui veut bien la voir.

Passe un demi-siècle. Le 17 juin 2005, c'est un vendredi, à 11 heures, le ministre délégué aux Anciens combattants prononce l'hommage annuel à Jean Moulin au Panthéon. Il s'incline devant le premier combat de celui qui préféra se trancher la gorge plutôt que déshonorer sa fonction. On exalte l'idéal républicain fait homme. Une pensée est demandée à tous les Français pour « celui qui n'a pas parlé » confondu dans l'élan commémoratif avec celui qui n'a pas signé.

Jean-Pierre Azéma est peut-être dans la foule. Il est l'un des plus fiables experts de l'Occupation. Il s'est long-temps dit « fils de la guerre » pour n'avoir pas à préciser qu'il était le fils de son père, collabo exilé en Amérique latine. Son écharpe ne quitte jamais son cou, été comme hiver, un pan devant, un pan derrière. C'est son uniforme et son *rosebud*. Interne pendant la guerre, il a eu froid durant d'interminables récréations. Depuis, il garde cette époque enroulée autour de la gorge. L'historien à l'écharpe, fils d'un soldat perdu de la division SS Wal-lonie, est devenu l'un des meilleurs biographes du résis-tant à l'écharpe.

Un suicide incarne à jamais le destin de tous les sui-cidés de la Résistance, et ce n'est pas celui de Jean Moulin. Arrêté en mars 1944, identifié peu après, l'adjoint du colonel Passy aux services de renseigne-ments de la France libre se défenestre du cinquième étage. Pour ne pas parler sous la torture. La scène se passe avenue Foch à Paris dans un des immeubles de la Gestapo. Il sait ce qui l'attend : mourir ou trahir. Plutôt mourir. Le silence est suicidaire pour le supplicié. A-t-on le droit de dire que son cas de conscience n'est pas celui du préfet de Chartres ?

Pierre Brossolette et Jean Moulin avaient été faits compagnons de la Libération lors de la même céré-monie, le 17 octobre.

Le philosophe Michel Foucault soutient que notre regard sur une œuvre est lampadophore. Lui seul porte la lumière. Un éclairage venu de l'extérieur rend visible l'image. Même lorsqu'un vitrail nous irradie. Regarder et éclairer, c'est tout un. *Olympia* n'est nue que pour nous, notre regard la dénude. Lui seul met une écharpe à Jean Moulin sur chacune de ses représentations.

Son secrétaire, Daniel Cordier, témoigne qu'en été Moulin ne portait pas d'écharpe. De loin la cicatrice se confond avec les rides du cou. Peut-être pas de près. Le jour de 1943 où, à Londres, à l'occasion d'une intime cérémonie officielle dans sa maison de Hampstead le général de Gaulle le fait compagnon de la Libération, alors qu'il lève le visage vers lui, le colonel Passy remarque les traces à son cou.

Jean Moulin n'en a pas honte. C'est nous qui, aujourd'hui, avons honte pour lui, nous qui lui mettons une écharpe en privilégiant cette photo à l'exclusion des autres.

Il existe de nombreuses images du Jean Moulin d'avant-guerre à Saint-Tropez et dans les Alpilles, en tenue de sergent d'aviation ou en plus jeune préfet de France. Sur les portraits Harcourt, il ressemble à Jean Jardin avec ses traits fins et ses cheveux plaqués, mais qui sait aujourd'hui à quoi ressemblait Jean Jardin ?

Les images de Jean Moulin sous l'Occupation sont rarissimes, et pour cause. La guerre de l'ombre ne favorise pas la pose. On ne connaît que deux clichés pris dans le jardin de la préfecture à l'été 1940. Sur l'un il est seul, droit, souriant et en civil. Sur l'autre, fait le même jour, au même endroit, dans la même tenue, probablement à un instant d'intervalle, le colonel baron von Gütlingen und von Schlepegnell, Feldkommandant de la région, se tient à ses côtés. Sur les deux clichés, un mince foulard blanc dissimule sa gorge.

Même moment et même lieu : une photo officielle sur laquelle il est vêtu de sa tenue de préfet. Sauf que, dans la hâte, il a conservé le pantalon de son complet civil. Effet comique garanti, n'eussent été les circonstances.

Deux autres encore, les toutes dernières. L'une en pied et en famille, entouré de sa sœur et de ses cousines, date de Pâques 1942. L'autre est du début de cette même année : Jean Moulin à Megève, habillé semble-t-il pour le ski. L'image, de qualité médiocre, est peu diffusée : ce souvenir de sports d'hiver colle mal avec les vérités de la légende, ni avec l'idée que l'on se fait d'un chef du peuple de la nuit. Difficile de la montrer sans chercher des justifications, ne serait-ce que pour dissiper ce que cette situation pourrait avoir d'incongru. Il faudrait expliquer que quelques jours avant, le même homme n'était pas attaché à des skis mais à un parachute et qu'il risquait comme tant d'autres d'être mitraillé avant même d'avoir touché terre. Mais justifier, c'est déjà s'excuser, reconnaître des torts, annoncer une culpabilité, et il n'y a pas de quoi. N'empêche, si une image peut édifier une légende, une autre image peut l'écorner.

Reste l'icône.

La photo emblématique de la Résistance, en esprit comme en action, a été prise par un ami d'enfance, Marcel Bernard, près de la promenade du Peyrou, aux Arceaux, à Montpellier. D'après Laure Moulin, sa sœur, elle est datée de décembre 1940. Elle remonte en fait à octobre ou novembre 1939. Elle est donc totalement anachronique par rapport à l'unificateur de la Résistance, alors que la photo de Megève ne l'est pas.

Le tirage original, conservé au musée Jean-Moulin, n'est pas sépia mais jauni. Tirée plein cadre, en format carré ou à l'horizontale, cette image d'un week-end en famille révèle un mur de pierre ensoleillé, de grands arbres en second plan et une profonde perspective. Le visage de Moulin est clair, souriant, reposé. Il regarde vers la droite, l'extérieur. Son écharpe le protège du froid.

La photographie qui sert d'icône à la Résistance, en revanche, est tirée à la verticale, de manière à allonger la silhouette ; sombre, pour accentuer le danger de la clandestinité ; l'internégatif ayant été inversé, Moulin regarde vers la gauche, l'intérieur. Son écharpe est censée dissimuler une cicatrice.

C'est pourtant la même photographie.

Nous entrons dans un temps où il y aura de moins en moins de gens qui auront connu Jean Moulin. Les textes parlent mais ils ne remplacent pas la voix. Elle nous manque, ne fût-ce que pour y remarquer un raclement de gorge bien particulier, né derrière une cicatrice au cours du dernier été de la France d'avant.

Quand cesserons-nous enfin de lui mettre une écharpe ?

6

Les chaussures neuves de Mr. Owen

Qui n'a pas vécu le mariage de Son Altesse royale le prince de Galles et de lady Diana Spencer ne sait pas ce qu'était le plaisir de vivre en Angleterre à la fin du XXᵉ siècle. La représentation se déroula à la cathédrale St. Paul à Londres le 29 juillet 1981 entre onze heures et midi. C'était un mercredi baigné de soleil et de sourires. Oserais-je avouer que j'y étais et que je n'en suis toujours pas revenu ? Qui eût dit que l'on y trouverait l'âme d'un peuple jusque dans une paire de souliers...

Un an avant le grand jour, j'avais entendu dire que les demandes d'accréditation seraient bientôt reçues au club de la Foreign Press Association à Londres. À la première heure, je fis discrètement la queue devant le 11 Carlton House Terrace afin d'enregistrer ma demande au nom de *France-Soir*, le journal qui m'employait alors en qualité de petit reporter au service étranger. Douze mois plus tard, quand les rédactions parisiennes s'enquirent fébrilement d'y dépêcher leurs grands reporters, quelle ne fut pas leur déception d'apprendre qu'il n'y aurait ce jour-là que quatre-vingts places pour la presse, déjà attribuées, et que les deux mille demandes émanant des médias du monde entier ne pouvaient être honorées. Étant de cette élite distinguée, je n'eus qu'à brandir mon invitation personnelle au mariage royal pour m'y faire envoyer spécialement. Et c'est ainsi que j'obtins un peu de considération de mes supérieurs à défaut d'une augmentation de salaire.

Fidèles aux consignes du carton d'invitation, nous sommes tous sur le parvis de la cathédrale à 9 heures puisque nous devons impérativement être assis à 10 heures ; c'est écrit, il ne peut donc en être autrement, la cérémonie est prévue pour 11 heures et l'on n'imagine pas que les futurs époux dérogent à la politesse des rois, à moins qu'ils ne prennent le métro ; mais ses retards sont légendaires en raison de la quantité de feuilles mortes sur les voies en automne et de la déformation des rails par la chaleur en été. Un fâcheux précédent les aura certainement incités à la prévoyance : le duc de Wellington n'arriva-t-il pas en retard à ses propres funérailles ? La cathédrale étant située sur une colline, et la dépouille de l'illustre étant chargée de ses trophées militaires, on dut faire venir en catastrophe des marins du port de la Tamise afin d'aider les chevaux à hisser un carrosse mortuaire de près de 18 tonnes.

La cohue de *ladies* et de *gentlemen* va piétiner ainsi sur le terre-plein pendant un peu moins d'une heure. La sécurité le veut ainsi et nul ne trouve à y redire. Cela pourrait durer des heures et personne n'élèverait la moindre plainte. Ça ne se fait pas, *Never explain never complain*, et on ne crie pas : « Remboursez ! » quand on n'a rien payé. De toute façon, tout le monde est ravi d'être là, de se retrouver entre semblables et de se découvrir dans ses plus fringants atours. On se croirait au concours de la plus belle panoplie, mais le règlement est chatouilleux sur l'attirail. Seuls les officiers d'active ont droit au port de l'épée, seuls les hommes en uniforme peuvent porter leurs décorations. Aucun autre peuple au monde ne rend un tel culte aux uniformes. À croire qu'ils n'inventent des cérémonies que pour se donner le prétexte de les dégourdir de leurs cintres et les aérer un peu. D'ailleurs, dans les rangs, ça sent encore la naphtaline.

Robe de jour et chapeau pour les dames, jaquette et pantalon rayé pour les messieurs. Tous échappés du *Burke's Peerage*, l'almanach de l'aristocratie britannique. À voix basse, les chroniqueurs se délectent déjà : s'ils savent où ces messieurs ont été formés, ils savent aussi où certains ont été déformés ; et de même, s'ils devinent où ces dames s'habillent, ils n'ignorent pas où certaines se déshabillent.

Nous ne sommes que deux à être vêtus en bourgeois : complet bleu sombre, cravate unie du même ton, chemise blanche. Dans cette émeute de queues-de-pie, on ne voit que nous, même pas rebelles, qui faisons tache en tenue de ville. Élevé à une telle hauteur par la morgue, le snobisme atteint une grandeur incompatible avec les droits de l'homme.

Il convient de rappeler à ce moment de notre récit que *snob* vient de « s. nob » (*sine nobilitate*) tel que l'écrivaient les professeurs dans l'Angleterre médiévale pour désigner les rares étudiants dépourvus de quartiers de noblesse ; en réalité, cette explication s'est tardivement greffée sur une autre, historiquement plus exacte, *snob* désignant non sans mépris un cordonnier dans l'argot de Cambridge. Le secret de l'âme anglaise dans ce qu'elle a de plus élevé s'est bien réfugié dans une paire de chaussures.

Ici une grimace, là une moue de mépris, plus loin un visage qui se détourne. On voit bien qu'aux yeux de la famille de Charles la décadence a commencé quand les *Edwardians* ont succédé aux *Victorians*, ce qui ne pouvait que favoriser l'avènement des *vulgarians* ; il est vrai qu'en rongeant son frein, le futur Édouard VII n'avait pas hésité à s'entourer de parvenus, tout un petit monde de femmes exquises et de nouveaux riches plutôt moins ennuyeux que son habituelle société de cour. La reine Victoria, sa maman, n'en avait pas du tout été *amused*, elle qui considérait la compagnie des ploutocrates comme une trahison de classe.

Bref, dans pareille atmosphère, un complet bleu sombre suffit pour faire connaissance avec son seul semblable, un certain David Owen. Sauf que moi je porte mon costume de bar-mitsva (non celui que j'ai revêtu à treize ans pour la circonstance, tout de même, mais celui que je réserve à ce genre de cérémonie) et que lui porte beau. Pourtant, à l'origine, il ne vient ni de la capitale, ni mieux encore de la campagne (qui n'est pas issu d'une famille enracinée dans le comté de Gloucestershire depuis trois générations au moins est regardé dans certains milieux comme une variété de Pakistanais), ni de la province : il vient de la banlieue de la province. Plympton, dans les environs de Plymouth. C'est que même s'il n'est pas *né*, un Anglais demeure supérieur au reste de l'humanité, selon les Anglais. La distinction est tellement subtile qu'elle en devient ineffable. Il suffit de pouvoir revendiquer une vieille souche, d'être en possession d'un corps doué a minima pour le sport de plein air et de jouir d'un esprit formé dans l'un de ces collèges d'où l'on ressort mieux éduqué qu'instruit.

Mr. Owen est certainement l'un des hommes politiques les plus séduisants du royaume. Une étoile filante des années 70 promise à un grand destin. Neurologue à vingt-quatre ans, député à vingt-huit ans, secrétaire d'État à la Santé à trente ans et ministre des Affaires étrangères à un âge où il est indécent de l'être déjà. Impossible de le rater : il défraie la chronique pour avoir claqué la porte du vieux Labour suivi de trois autres avec qui il vient de porter le parti social-démocrate sur les fonts baptismaux. Il semble avoir congédié pour l'occasion cette fameuse arrogance dont on se fait une armure lorsqu'on entre trop jeune en politique. On le dit cynique et pas vraiment animé par la haine de soi, bien que la modestie soit l'une des vertus cardinales du savoir-vivre. Aussi brillant qu'il est corrosif, il ne manque pas d'ennemis. Son charisme n'en est pas moins intact. Une allure folle, la silhouette élancée, *a touch of class* jusque dans la mèche rebelle, un charme puissant, le

sourire irrésistible. La fossette de David Owen n'est certainement pas étrangère à la fortune électorale de son
jeune parti.

Mais le voilà happé par des relations parlementaires
dont la compassion démocratique ne semble pas être la
préoccupation première. Alors seulement je me rends
compte qu'il porte *aussi* les mêmes chaussures que moi,
très classiques il est vrai : des souliers noirs à lacets parfaitement lustrés. Lui n'y semble pas très à l'aise tant il
se dandine en parlant. Certainement des oxfords à bout
et bord poinçonnés de petits trous, achetées dans une
boutique de Jermyn Street, seule rue de Londres où le
regard des commerçants s'arrête à vos pieds ; inimaginable dans ce pays qu'un tel homme porte des chaussures toutes lisses comme en ont les employés des
autobus.

Fondamental, les chaussures. D'ailleurs, depuis que
j'ai remarqué la danse de Saint-Guy de Mr. Owen,
j'observe cette société au ras du sol. Tant de femmes
jugent un homme sur la race et l'état de ses chaussures
que le coup d'œil n'est pas superflu. Un certain relâche-
ment dans l'entretien des peaux, les lacets quatre fois
noués comme les écoliers, un talon défectueux trahissent
leur propriétaire aussi bien que des ongles en deuil. Ces
choses-là doivent relever des vieilles valeurs de caste.

Dans cette société, une faute de goût peut signer
l'arrêt de mort d'une ascension sociale. On ne porte plus
de chaussures marron dès la tombée du jour. C'est l'un
des commandements secrets de tout gentleman : *No
brown after six.*

Soudain il me revient qu'au moment de la nomination de Mr. Owen au Foreign Office, les journaux usèrent d'une métaphore audacieuse en écrivant qu'il allait enfiler les chaussures de Palmerston, Salisbury et Eden. Comme quoi la chaussure est l'homme même, ce que Buffon n'eût pas démenti. Il est sûrement des éditorialistes dans ce royaume pour distinguer, jusque dans ses excès et ses traditions, la chaussure travailliste de la chaussure conservatrice. Mais qui dira jamais la modération de la chaussure social-démocrate, si moyenne dans sa quête de l'équilibre ? À le voir si sémillant, on n'imagine pas David Owen en marcheur de la « troisième voie ». Ce n'est pas lui qui porterait des Berlutti en oreille d'éléphant, rare peausserie à ce que l'on dit. Ses souliers n'eussent même pas mérité d'être exposés à la Foire internationale du cuir et de la chaussure au Royal Agricultural Hall le 5 octobre 1925. Trop classiques, pas assez excentriques. Si j'osais, je m'accroupirais pour vérifier que les lacets sont bien plats et non ronds, et enfilés horizontalement dans les œillets, ainsi qu'il sied aux chaussures noires.

Le voilà qui revient vers moi. Il grimace, sollicite un appui sur mon épaule, ce qui témoigne de la forte sympathie que ma personne doit inspirer même à des Anglais car celui-ci passe pour particulièrement raide, et triture ses chaussures d'un doigt douloureux. Jusqu'à m'honorer de ce terrible aveu : « Elles me font horriblement mal. Je les ai achetées hier, exprès pour le mariage royal et... »

Ma miséricorde est à la mesure de ma déception. Que

m'importe que sa notoriété lui ait procuré sa paire de souliers chez John Lobb, ou qu'un vendeur en tablier blanc de Tricker's les lui ait spécialement préparées, d'autant qu'à la réflexion elles viennent sûrement de chez Church, mais ce point ne sera probablement pas éclairci. L'origine de mon désappointement est ailleurs. Comment un homme aussi expérimenté, si averti des cruelles épreuves de la vie, a-t-il pu commettre une telle erreur ?

Un authentique gentleman ne doit *jamais* donner l'impression de porter ce qu'il possède de plus récent.

On ne rutile pas.

Soudain, un mythe s'effondre. Mr. Owen redevient un homme comme les autres. Le détail est infime mais il classe définitivement un personnage, du moins dans ce pays. Ce jour-là, à mes yeux, toute la hiérarchie des classes sociales sur laquelle repose l'esprit d'un peuple trouve refuge dans la paire d'oxfords noires de l'honorable Mr. Owen.

Une foule d'élites se presse sur le parvis de St. Paul. Les invités se bousculent maintenant comme des VIP à un vernissage ; à croire qu'ils prennent à peine la mesure de la dimension historique de cette journée. Je les regarde, je le regarde. La vraie différence entre eux et Mr. Owen, c'est qu'il n'a pas eu un valet pour casser ses chaussures et les porter à sa place afin de leur retirer l'allure intolérable de la nouveauté. La cathédrale n'étant pas un salon, il ne risque rien ; mais n'oublions pas que certains vont jusqu'à diviser l'humanité en deux au seul examen de leurs pieds, allant jusqu'à séparer ceux dont même les semelles sont cirées des autres. C'est là un paradoxe dont les meilleurs sophistes ne viendraient pas à bout : si le dessus du soulier se doit d'être fatigué, le dessous ne doit pas offrir le spectacle gris et vulgaire de la rue.

Dans un monde où la patine est une mystique, l'éclat du neuf ne pardonne pas.

La véritable élégance est impalpable et invisible : elle devient inutile et vulgaire si elle se réduit à la mode. Relevant au fond de l'ineffable, elle échappe à la connaissance. Dans l'absolu, la *gentry* de la campagne devrait arbitrer les élégances car nulle part mieux que dans la lande on se sent délicieusement loin de la mode et des vulgarités qui lui font cortège, de l'Histoire en marche, de la modernité et des changements. Si la durée, la permanence et l'intemporel ont un pays, il faut le chercher dans l'arrière-pays.

Il manquera toujours un je-ne-sais-quoi d'italien à ces Anglais. Au fond je sais quoi : cette fameuse *sprezzatura* si bien évoquée par Castiglione dans son *Livre du courtisan*. Quelque chose comme de la désinvolture, laquelle confine à une sorte de grâce naturelle quand toute trace d'effort ou d'affectation s'est dissipée. Avec la chaussure, le phénomène côtoie le mystère.

Manifestement, les Windsor n'ont pas invité les domestiques attachés de longue date à leur service ; il n'y a guère en ce pays que les bourgeois, grands ou petits, pour avoir la délicatesse de convier la gouvernante des enfants et la bonne de la maison au mariage du fils de la famille. Dommage car, pour s'en tenir à certains emplois domestiques hérités du XVIIIᵉ siècle et toujours en état de marche à Buckingham Palace, j'eusse vraiment aimé échanger quelques impressions avec le page de l'escalier de service, le *Yeoman* de la vaisselle plate (ou, à la rigueur, le *Yeoman* du verre et de la porcelaine) et même l'huissier du sceptre. Mais il n'en sera rien : le destin d'un majordome n'est-il pas de demeurer invisible ?

Tout le monde est assis une petite heure avant le début du service, à l'exception des étrangers de marque qui doivent naturellement arriver en majesté. Le spectacle, car c'est bien de cela qu'il s'agit, est parfaitement minuté. Chacun est venu assister à une cérémonie comme il n'y en a pas eu depuis fort longtemps et comme il n'y en aura peut-être jamais plus. Le vieux monde fait ses adieux. Après, ce sera autre chose.

Les témoins des mariés placent les invités dès qu'ils pénètrent dans le narthex. Un honneur que de remplir cette fonction d'ouvreuse — tous les cinémas ne se valent pas. Outre les cousins, les placeurs d'un jour sont certainement des amis de collège. On comprend soudain la pertinence de l'adage selon lequel en Angleterre rien n'est fait pour les femmes, même pas les hommes. Il paraît que dans ce pays, deux personnes sur une sont schizophrènes. Au vrai, les rites de cette tribu sont indéchiffrables à bien des ethnologues.

Ayant pénétré parmi les premiers dans la nef, j'en profite pour fureter un peu. Nombre d'Anglais, qui n'intri-

gueraient pas pour figurer sur la Liste des Honneurs de
la reine, se seraient damnés pour être à ma place. Nul ne
me remarque, ce dont je ne me plains pas car rien n'est
délectable comme de jouir du plus parfait anonymat au
milieu d'une foule de gens d'un monde qui se dit le
meilleur, n'est-il pas ? De toute façon, on nous a fait
emprunter les bas-côtés : pas question de fouler le tapis
central brossé à l'aube par des petites mains empres-
sées ; on se croirait à Buckingham Palace, où le personnel emprunte exclusivement les marges des longs
couloirs afin de ne pas laisser de traces sur le tapis ; sauf
qu'à St. Paul, *nous* sommes les valets.

Célébrer, pleurer, commémorer. On pourrait raconter
une certaine Angleterre sans jamais quitter la cathédrale,
ce qui ne serait pas très *cricket* à l'endroit de nos
meilleurs ennemis. Mariages royaux, funérailles nationales, cérémonies d'action de grâce. La vie, d'un certain
point de vue. Quoique, même de ce point de vue-là, les
mariages royaux ne bousculèrent pas souvent l'office : la
dernière fois, c'était il y a cinq siècles lorsque Arthur
Tudor épousa Catherine d'Aragon.

Construite en 604, détruite par le feu en 961,
embrasée dans le grand incendie de 1666, cernée mais
jamais entamée par les flammes même en 1940, la
cathédrale est toujours fière. N'empêche, un jour un
orage eut raison de sa flèche. Du temps où les cheminées
d'usines fournissaient encore à la ville son légendaire
brouillard, on apercevait le dôme frémir au-dessus de
cet océan de pollution. Elle conserve son aspect noirci,

la moindre des choses pour un édifice construit grâce à un impôt sur le charbon de terre.

L'honorable sir Christopher Wren, architecte des lieux, ne manquait pas d'esprit. Au-dessus de sa tombe, on lit : « Lecteur, si tu cherches un monument, regarde autour de toi. » Autour mais pas au-dehors, le marié n'eût pas apprécié. Ne jamais oublier l'architecte en Charles, lequel choqua jadis la corporation des constructeurs en leur déclarant en chaire, une main posée sur le pupitre, l'autre négligemment glissée comme à son habitude dans la poche de son veston en tweed : « Il y a une différence entre la Luftwaffe et nos architectes d'avant-garde : les deux ont détruit Londres mais la Luftwaffe, elle, a eu le bon goût de ne pas reconstruire. » Les intéressés dans leur ensemble, du moins ceux qui ne s'étaient pas étranglés, jugèrent que Son Altesse royale présentait là une vision du monde légèrement pessimiste. Ce que c'est que de trop parler aux arbres. Dans l'histoire sept fois séculaire des princes de Galles, il est le premier à avoir eu son bac. Lui qui a autrefois tâté de l'histoire et de l'histoire de l'art à Cambridge, il devrait se souvenir que chaque époque a les vandales qu'elle mérite.

En attendant les *royals*, voici les invités, les vrais, les grands. Une musique spécifique nous les annonce : des préludes de Michael Tippett et de Benjamin Britten tout d'abord. On se croirait à une séance plénière du Commonwealth. Ils sont venus de partout dans leurs plus beaux atours. Les Anglais ont aussi le chic pour leurs fréquentations. Ils ont un don naturel pour conférer un certain cachet à tout ce qui gravite autour d'eux. Même leurs immigrés ont plus de classe que ceux du reste de l'Europe, et leurs pauvres ont l'air moins misérables que les nôtres. Pourtant, nul autre pays ne pratique avec autant de persévérance le culte des classes sociales. L'Inde peut-être, à travers le système des castes.

Upper class, *middle class* et *working class*. La grande bourgeoisie, les classes moyennes et les ouvriers. Trois mondes qui ne risquent pas de se rencontrer, ni même de se croiser et certainement pas de se parler. Il n'y a osmose que lorsque ceux du bas se mettent au service de ceux du haut ; alors on assiste à ce spectacle insolite où des majordomes se révèlent encore plus snobs que leurs maîtres. Seraient-ils admis dans cette enceinte que leur regard, assorti d'un léger mouvement de menton et d'une pointe de mépris dans l'accent, nous signifierait que nous ne sommes pas du même monde que Sa Seigneurie monsieur le comte, leur patron. En nous rappelant brutalement d'où nous venons, ils nous enverraient raser les murs. Un aristocrate y mettrait davantage de tact.

Tout cela est devenu si naturel au fil du temps, et si consubstantiel à l'âme de ce pays, que nul n'ose qualifier cela d'apartheid alors que c'est bien d'une sorte de développement séparé qu'il s'agit. Il tire sa force et sa pérennité de ce qu'il n'est pas institutionnalisé, ni même formulé. Quand l'implicite est si puissamment enraciné dans une culture, on n'imagine pas que quoi que ce soit puisse jamais l'en déloger.

L'Angleterre est un conservatoire de saucisses, parapluies, litotes et classes sociales. On cherche encore l'écrivain inspiré qui produira le *Guide chic de la ségrégation* afin qu'on s'y retrouve dans le subtil maquis des distinctions entre *gentry* des villes et *gentry* des champs. Car il ne suffit pas de savoir que, si on est amené à parler de « fric » en ville, à la campagne il ne sera jamais question que d'« argent », le cas échéant : encore faut-il pouvoir en déduire une mythologie. L'idéal du *gentleman* a peut-être connu bien des vicissitudes depuis les romans de la Table ronde, il y en aura toujours pour se rappeler ce qu'il doit au modèle d'excellence de Lancelot du Lac. C'est heureux, même s'ils sont les derniers cavaliers d'un monde englouti ; au même moment pointent déjà à l'horizon les chevau-légers de la nouvelle *superclass,* ces *traders* qui tiennent la discrétion pour une tare dès lors qu'il s'agit d'exhiber les profits.

Vue de mon estrade haut perchée, une bonne partie de cette assemblée donne l'impression d'ignorer que l'Empire britannique a vécu. À voir certains croiser les jambes et laisser leurs doigts distraits, on s'attend qu'un majordome se glisse dans les travées pour leur servir une tasse de thé, icône absolue de toutes les Angleterres. Soudain je me souviens de Georges Perec, écrivain hypermnésique, se souvenant que Battenberg était le nom de famille de lord Mountbatten. Et de Rivarol assurant que les Anglaises ont deux bras gauches — je n'ai jamais compris pourquoi, d'ailleurs.

Celui-là, si maigre et digne dans son habit, avait dû

créer à lui seul une troisième catégorie entre les athlètes et les esthètes du temps de ses humanités du côté d'Oxbridge, quelque chose comme les ascètes. Plus loin, mon David Owen vient de s'asseoir. Alors qu'il croise les jambes, il m'apparaît pour la première fois qu'il possède de grands pieds. Depuis qu'il a été ministre des Affaires étrangères, il chausse du 45, au moins.

Farouk l'Égyptien se trompait lorsqu'il prédisait qu'avant la fin du siècle il ne resterait plus que cinq rois en Europe : les rois de cœur, de pique, de carreau, de trèfle et d'Angleterre. Son tropisme du casino a dû l'aveugler. On croirait assister ici à une manifestation de monarques. Indiens en jodhpurs, émirs en keffieh, Africains en boubous, ex-rois sans couronne, chacun dans son rôle. Le *casting* est irréprochable. Surtout, après la cérémonie, ne pas oublier de féliciter le producteur du mariage.

Ex-voto et bas-reliefs fleurent bon l'Empire et la mort au combat. À moi, Gordon Pacha ! À moi, amiral Nelson ! Reste à cheval mais descends de ton cénotaphe, duc de Wellington ! Une simple plaque au sol est bien plus touchante, qui remercie les guetteurs d'incendie d'avoir protégé St. Paul pendant la Seconde Guerre mondiale — mais une bombe allemande n'en eut pas moins raison du jubé victorien.

À l'Imperial War Museum, l'hommage gravé aux anciens combattants dit tout des Anglais : « *Ordinary people, extraordinary times.* »

Pour capter l'écho lointain de leurs derniers mots, il suffit de tendre l'oreille et d'écouter l'esprit des pierres.

C'est que le timbre de la cathédrale est fameux. Plus encore que sa crypte, qui passe pour la plus grande d'Europe, sa galerie des Murmures est légendaire : les 259 marches permettant d'y accéder font remonter là-haut les moindres paroles d'ici-bas. Le génie des lieux serait incomplet sans les chuchotements de St. Paul.

Je prends place dans la tribune de la presse étrangère dite d'« outre-mer ». J'éprouve soudain la curieuse sensation d'être considéré comme un habitant des Dom-Tom ; c'est une expérience, de celles qui forment un caractère, comme d'être traité de *continental* avec une moue de mépris par la caissière de Church's à Burlington Arcade.

Aile nord-est, transept sud, chaise n° 80.

Les stratèges du protocole nous ont placés juste derrière la famille royale. En face de nous, soit derrière la famille Spencer, ils ont assis les reporters de la presse anglaise. Quatre-vingts de chaque côté, belle mêlée en perspective si seulement... Les photographes, eux, ne touchent pas terre : ils sont juchés sur des estrades à une dizaine de mètres de hauteur.

Pas difficile de repérer les reporters républicains parmi nous : ce sont ceux qui appellent le marié « Charles Windsor » avec la même affectation qu'un Français de droite donne à la même époque du « Mitt'rand » au président. De toute façon, ce jour-là dans ce lieu-là, le présent se montre de profil et le passé de face. De mémoire de chapelain, la cathédrale n'a jamais connu une telle animation. Il fait chaud, très chaud. À défaut d'éventail, le programme des réjouissances fera l'affaire.

L'entrée des têtes couronnées signale l'imminence de l'événement. Si le protocole est une science et le placement un art, l'étiquette doit être une pathologie tant elle exacerbe les susceptibilités et favorise la paranoïa. Le roi de Norvège prend place en face du roi des Belges. Le prince de Norvège s'installe face à Fabiola, épouse de Baudouin, roi des Belges assis face au roi de Norvège. Pourquoi ? Dieu seul le sait, et le grand chambellan, ministre de la Cour chargé de l'ordonnancement des cérémonies. La princesse de Norvège s'assoit face à la reine du Danemark, le roi de Suède face au prince du Danemark, la reine de Suède face à la reine des Pays-Bas. En annulant sa présence à la dernière minute, Juan Carlos, roi d'Espagne, a failli provoquer davantage qu'une bataille navale pour le salut du rocher de Gibraltar : la faillite de la science protocolaire. La catastrophe est évitée de justesse quand le prince Klaus des Pays-Bas convient de se poser en face de sir Maurice Heath, maréchal de l'air. Le président Mitterrand est en jaquette et Nancy Reagan en rose pâle mais ils ne se font pas face.

Le rondeau d'*Abdelazar* de Purcell annonce l'arrivée de la famille. La famille royale naturellement, les Windsor et les Kent, les Snowdon et les Ogilvy, les Phillips et les Gloucester. Elle est accueillie sur le parvis par le lord maire de la capitale armé de son épée de nacre, qui s'en débarrasse ensuite (la famille, pas l'épée) dans les mains du doyen de St. Paul, qui les mène sous le dôme accompagné de l'évêque de Londres et de l'archevêque de Canterbury.

Un défilé rouge et or précède et encadre la procession. Ce sont les *Beefeaters*, ces gardes dont la silhouette est reproduite sur les bouteilles de gin à 40 degrés : l'équilibre de sa composition (genièvre sauvage, coriandre épicée, oranges de Séville) est un secret aussi bien gardé que les joyaux de la Couronne, qu'ils ont à l'œil depuis à peu près mille ans. Ils sont suivis par les francs-tenanciers, ces gardes du corps de la reine à l'uniforme rouge et noir, lance au poing et plume au vent, une allure à terroriser les terroristes. Somerset Maugham dirait qu'ils ont le regard triste et solennel des Anglais qui s'amusent.

L'assemblée se lève, s'assoit, puis se relève et se rassoit, parfois à contretemps, au risque de produire un effet chaplinesque, chacun jaugeant sa gaucherie à l'impassibilité des *royals* : eux connaissent la musique. Et pour cause : ce sont des professionnels. Sauf pour les vêtements, du moins ceux des dames. Mais ça passe. N'importe où ailleurs, cet océan de mousselines pastel serait taxé de comble du mauvais goût ; mais quand il confine à de tels sommets, il tutoie le kitsch supérieur élevé au rang d'un des beaux-arts. Vue en plongée du haut de mon promontoire, cette famille fait vraiment penser à un jardin anglais dans l'attente d'un meurtre. La forêt de chapeaux offre une telle variété de fleurs qu'on songe spontanément à les arroser. Une choriste nous en dissuade juste à temps : « Les voilà ! » laisse-t-elle échapper comme si elle révélait un *scoop*, tandis que nous parvient la clameur de la foule. Il suffisait pourtant de lever les yeux, puisque nous sommes cernés par des téléviseurs, et de reconnaître les trompettes de Purcell pour le deviner.

La mariée au bras de son père, lord Spencer, n'est encore qu'un nuage ivoiré de soie et de dentelles. Sa crinoline romantique se rapproche insensiblement du dais. Des gouttelettes nacrées et perlées par milliers, un petit nœud en taffetas pour fermer un décolleté en pointe, une traîne de dix mètres et la légèreté faite femme. Mais qui pourrait remarquer à cet instant le minuscule fer à cheval incrusté de diamants cousu à l'intérieur de la robe ? Charles, pas plus que les autres...

Lady Diana fait planer la grâce dans ce vaste théâtre. Aussi, à elle et à elle seule, nous pardonnerons que ses chaussures en soie brodée aient l'éclat du neuf : elles ne doivent servir qu'une fois. Ce ne sont même pas les souliers d'un jour mais d'un instant. De toute façon, la pathologie de la patine n'atteint que les *gentlemen*, qui ne sont pas des femmes, comme leur nom l'indique.

À la réflexion, les chaussures de *tous* les invités jurent avec l'esprit de la cérémonie. Même les végétariens oublient facilement que le cuir n'est jamais que la peau d'un animal séparée de sa chair avant d'être tannée et préparée. Une telle violence n'a pas sa place ici en ce jour de paix.

Les échos de la liesse parviennent jusqu'à nous tandis que la mariée rejoint la croisée du transept. Puissance des trompettes, solennité de l'orgue, nul ne cille. L'organiste peut-être, qui ne doit pas jouer sans un certain émoi le morceau de Jeremiah Clarke, son prédécesseur à ces mêmes claviers il y a près de trois siècles, avant Haendel et Mendelsohn.

Quand les mariés prennent place face à Robert Runcie, archevêque de Canterbury et chef spirituel de l'Église anglicane, l'assemblée chante sur une musique de Purcell. Dans le cortège des demoiselles d'honneur, j'en repère une qui fait la grimace, India Hicks, treize ans, petite-fille de Mountbatten et filleule de Charles. Lorsque la procession se disperse et que l'on apporte un petit tabouret, elle se déchausse discrètement : Ivory lui a fait des escarpins trop étroits ! Décidément, il était écrit que les passions et les angoisses de cette journée historique se réfugieraient dans la logique du soulier contrarié. À côté d'elle, Sarah Jane Gaselee, dix ans, se trémousse. L'une et l'autre portent la robe de la mariée en miniature. Malices au pays des merveilles ! Le charmant tableau de ce petit couple de nuages blancs serait à accrocher tel quel, n'eût été le gros roi des Tonga qui fait mouvement avec sa chaise, juste devant.

Sir Thomas Beecham à la tête du Royal Philarmonic Orchestra tenait pour inexact le jugement selon lequel les Anglais n'apprécient pas la musique : en réalité, disait-il, ils ne la comprennent peut-être pas mais ils aiment beaucoup le bruit qu'elle fait. Le prince de Galles a le goût de la musique sacrée. Tant mieux car, en tant que futur gouverneur suprême de l'Église d'Angleterre, il n'a pas fini d'en entendre.

La musique s'efface devant le verbe et c'est le doyen de St. Paul qui, le premier, délivre son message. Un discours de circonstance entendu plus qu'écouté, modèle du genre à plomber toute fête, mais qui a l'avantage d'être bref et prononcé en un pur anglais classique. Qu'il est doux d'entendre cette langue énoncée en majesté, dans sa splendeur retrouvée. Doux et assez rare tant la musique du shakespearien est désormais couverte par le bruit de fond des dialogues américains et de l'idiome d'aéroport. Il y est question du caractère sacré du mariage, de Dieu, du Christ en Galilée et si l'un d'entre vous est fondé à s'opposer à ce mariage qu'il le dise tout de suite, mais curieusement nul ne bronche.

Enfin le moment crucial. Pourquoi regarde-t-on sa montre dans de tels instants ? Comme si la minute précise avait elle aussi son point d'histoire. L'archevêque leur demande de se promettre amour et fidélité. « *I will.* » Un immense soupir aux allures de souffle divin circule de l'abside au narthex, et nous côtoyons les sommets. Ils paraissent tous deux aussi troublés que nous sommes émus.

Malgré tout, cette union, je ne la sens pas. Pourtant j'ignore tout : sait-on jamais, comment pourrait-on savoir, d'ailleurs, de quoi sont faits les peines obscures d'une femme, l'aride ennui des travaux et des jours ?

Leurs voix faiblissent alors que le rituel de l'anneau s'annonce. Et au moment de répéter les paroles du primat, ils commettent chacun une faute. Lady Diana d'abord qui appelle son mari « Philip, Charles, Arthur, George ». On n'ose croire qu'elle pense, déjà, à un autre (ne pas oublier d'enquêter sur tous les Philip de son entourage). Charles ensuite qui escamote un mot : « ... et je partage avec toi tout ce que j'ai... » alors que la version originale précise bien : « ... tout ce que j'ai au monde... » On n'ose croire qu'il songe, déjà, à réduire la voilure de sa générosité (ne pas oublier d'enquêter sur l'état de sa fortune en dehors du royaume).

Vraiment, un je-ne-sais-quoi fait que je ne sens pas ce mariage.

À entendre le doux écho de leurs vœux, on n'imagine pas que les mêmes donneront un jour au monde le spectacle pitoyable de la guerre des Galles. Un nouveau *Meurtre dans la cathédrale* se joue en surimpression sous nos yeux mais T.S. Eliot n'est là pour le voir.

Dans l'assistance, quelques-uns osent esquisser un sourire de lèse-majesté car tous ont le texte en main ; mais l'impair princier n'apparaîtra malicieux qu'aux intrigants et aux mauvaises langues. La bénédiction du révérend Runcie fait oublier ces deux trébuchements et tout le monde reprend en chœur les psaumes mis en musique par notre contemporain William Mathias.

J'observe le prince. Cette fois, il ne peut même pas jouer avec ses boutons de manchettes comme à son habitude. La rigidité de l'uniforme ne le lui permet pas, non plus, de mettre sa main dans la poche droite. Pauvre Charles ! Il est de bon ton de moquer l'aérodynamisme de ses pavillons latéraux ; il est vrai qu'ils ne sont guère pratiques, notamment lorsqu'ils freinent sa course au polo ; la remarque n'en est pas moins injuste en ce qu'elle fait de l'ombre au reste de son anatomie, laquelle rachète largement la voilure des oreilles. Né pour être roi, préparé à régner sur ses sujets, il risque d'attendre longtemps encore. Ce que c'est que d'être affublé d'une mère éternelle ! Pire encore qu'une mère juive... Le futur George VII (il préfère, plutôt qu'un Charles III de mauvais augure, les deux premiers n'ayant pas laissé un très bon souvenir) n'a pas fini de méditer le précédent fameux d'Édouard VII, fils de l'interminable car increvable Victoria, qui accéda au trône à l'âge où même un souverain peut songer à la retraite. Au vrai, la magnificence de son mariage parviendrait presque à conférer au prince Charles une dimension shakespearienne, entreprise que même sa mère croit vouée à l'échec.

Avec son regard de cocker dépressif, son maintien impeccablement cavalier, son mysticisme des grands espaces, ses talents cachés d'aquarelliste postchurchillien, ses désarrois hippiques et ses maladresses existentielles, ce Windsor a toujours été un incompris.

Le député George Thomas, speaker de la chambre des communes, oublie un instant les joutes politiques pour lire un passage de l'épître de saint Paul aux Corinthiens (I, 13) avant que les chanteurs du Chœur Bach ne reprennent la litanie de l'archevêque. À l'approche de la fin, le prince Andrew, jeune frère du marié, une main sur le pommeau de son épée (l'histoire agitée des Windsor au cours des siècles invite à la prudence), lit le programme d'un œil désinvolte. Belle image déjà mise en boîte par un photographe qui, du haut de son estrade, transmet aussitôt ses pellicules royalement impressionnées en actionnant une poulie de manière à faire descendre un gros sac recueilli dans la précipitation par un garde qui s'empresse de la transmettre à une estafette. Voudrait-on l'oublier qu'on ne le pourrait : notre intimité est partagée par 750 millions de téléspectateurs royalistes croyants, mais pas pratiquants.

Les gardes du corps de la reine frétillent du panache pour n'avoir pas à éponger les gouttes de sueur qui perlent de leur front depuis une heure maintenant. Il arrive qu'un honneur soit aussi une douleur.

Trois hommes de robe prononcent quelques mots à l'attention des jeunes mariés : le cardinal Basil Hume, archevêque catholique romain de Westminster, le très révérend Doig, président de l'assemblée générale de l'Église d'Écosse et le révérend Morris West, président du conseil fédéral des Églises protestantes non conformistes. Puis ils entrent en conciliabule avec le révérend Williams. Que se disent-ils ? On s'en fiche. Dans ce spectacle, l'image et le son dissolvent les paroles. L'écoute devient flottante, les paroles sacrées se métamorphosent en musique des mots, il nous prend la douce envie de les siffloter mais ce sera dans une autre vie.

On ne les imagine pas un seul instant monter en chaire tel ce curé d'une élégante paroisse du VIIe arrondissement de Paris qui parvenait toujours à placer : « N'oubliez pas que Jésus-Christ était non seulement le fils de Dieu mais d'une excellente famille également du côté de sa mère ! »

Je crois savoir pourtant ce qu'ils se racontent : une vieille blague d'Emo Philips. Un homme s'apprête à se jeter du haut d'un pont. Un passant l'en empêche : « Ne faites pas ça ! — Personne ne m'aime. — Dieu vous aime. Croyez-vous en Dieu ? — Oui. — Êtes-vous chrétien ou juif ? — Chrétien. — Moi aussi ! Protestant ou catholique ? — Protestant. — Moi aussi ! Quelle organisation ? — Baptiste. — Moi aussi ! Conservateur du Nord ou libéral du Nord ? — Baptiste conservateur du Nord. — Moi aussi ! Baptiste conservateur du nord de la région des grands lacs ou baptiste conservateur du nord de la région de l'Est ? — Baptiste conservateur du nord de la région des grands lacs. — Moi aussi ! Mais baptiste conservateur du nord de la région des grands lacs du Concile de 1879 ou baptiste conservateur du nord de la région des grands lacs du Concile de 1912 ? — Baptiste conservateur du nord de la région des grands lacs du Concile de 1912. » Alors le passant lui crie : « Crève, hérétique ! » et le pousse par-dessus le pont.

Ils n'ont pourtant pas la tête de copains qui viennent de s'en raconter une bien bonne. Quoique, à la réflexion, ils seraient capables de l'avoir fait avec un grand esprit de sérieux et le masque idoine. Il faudra enquêter sur ce point.

La bénédiction précède de quelques minutes un magistral et puissant *God Save The Queen* interprété par le Chœur Bach et joué par l'orchestre de l'Opéra de Covent Garden et par l'Orchestre philharmonique. Puis le couple fait mouvement pour signer le registre royal et le registre officiel aux accents de la marche d'ouverture de l'*Oratorio* de Haendel.

La galerie des Murmures doit s'affoler car jamais une voix n'a grimpé les marches aussi rapidement, un timbre unique, celui, inoubliable, de la fille-fleur de *Parsifal* et de la comtesse des *Noces*, de Desdémone et de Donna Elvire, de Violetta et de Pamina, de la Maréchale et de Marguerite, la soprano néo-zélandaise Kiri Te Kanawa qui fait resurgir tous ses rôles par la grâce de son interprétation de l'aria du *Samson* de Haendel.

Il est temps que la cérémonie s'achève car vu l'état de liquéfaction avancé de certaines éminences, l'orchestre serait tenté de lancer la marche funèbre. Quand on observe les difficultés avec lesquelles elles se baissent, on n'est pas sûr de les voir se relever. Le rituel est immuable depuis des siècles, et il montre toujours aussi peu d'indulgence pour l'arthrose. À Buckingham Palace, les gens du protocole ont plus d'égards ; ils prennent soin de toujours libeller les convocations à une audience royale avec la discrète mention « Je suis/Je ne suis pas en mesure de m'agenouiller (Rayer la mention inutile) ».

La première marche composée par sir Edward Elgar pour le grand apparat de ses *Pomp and Circumstance* donne le signal de la fin, aussitôt suivi par *Couronne impériale* composé pour l'occasion par William Wanton, tandis que Charles et Diana se dirigent vers le portail de la cathédrale afin d'y affronter la lumière du royaume et le bonheur d'être anglais.

Les lourdes et immenses portes s'ouvrent pour laisser sortir les mariés et leur cortège. Un pan de jour aveuglant pénètre alors dans la cathédrale. Dehors, la foule en délire les attend. Il paraît qu'Andrew et Edward, les frères du marié, ont attaché des boîtes de conserve à l'arrière du carrosse. Quand on vous disait que les Anglais aiment la musique !

C'était vraiment beau, tout simplement beau. Mais s'il en est ainsi pour son mariage, qu'en sera-t-il de son couronnement ?

Leurs 2 600 intimes tentent d'emboîter le pas aux mariés, dans le sillage de la famille royale et des têtes couronnées. Tous autant que nous sommes, quels que soient nos titres et hochets de vanité, notre dérisoire puissance, notre minuscule parcelle de pouvoir, une heure durant nous nous sommes conduits comme des badauds privilégiés. Nous étions là pour raconter un jour que nous en fûmes. Mon instinct de conservation me retient cependant de me mêler à la cohue aristocratique car, pour être piétiné par d'augustes souliers des meilleurs chausseurs, on n'en est pas moins piétiné.

De toute façon, rien ne vaut le spectacle de désolation d'un champ après la bataille. Ils sont tous si pressés de se joindre à l'hystérie monarchiste que la cathédrale se retrouve vite déserte. Le moment est venu d'y sentir enfin la présence divine, à défaut d'y recevoir le don du pardon et de la grâce comme le doyen de St. Paul nous y invite. Maintenant seulement, je remarque dans le transept nord que le personnage du Christ du tableau de William Holman Hunt, *La lumière du monde*, frappe à une porte qui ne s'ouvre que de l'intérieur : le Seigneur n'entre en nous que si nous l'y invitons ; plus loin dans le déambulatoire, sur les mosaïques des bas-côtés du chœur, des personnages sont en partie dévêtus, ce qui est plutôt rare chez les anglicans. On peut y guetter en vain l'équivalent du rayon vert, celui qui se pose sur la tête du Christ une heure avant le midi vrai peu après l'équinoxe de printemps ; il vient certes du pied gauche de Judas, deuxième fenestrelle de la quatrième travée au triforium méridional de la cathédrale de Strasbourg, si loin de St. Paul.

Si Dieu est dans le détail, encore faut-il savoir faire le tri dans une insurrection de fragments. Dans la bienheureuse dévastation des reliefs de la fête, ils nous submergent par leur abondance mais nous accablent par leur insignifiance.

N'en retenir que ce rai de lumière qui s'insinue à travers les vitraux pour se poser sur un banc.

L'archevêque de Canterbury est à nouveau drapé de mauve. Ses vêtements d'apparat sont sagement rangés dans deux vieilles valises qu'il tient à bout de bras, deux choses épuisées qui eurent un jour une couleur mais qui finiront au musée de l'Homme anglican. Le primat se demande comment il va trouver une voiture avec tout ce monde. Il semble perdu.

Depuis plus d'une heure, nous vivions quelque part entre le XVIIIe et le XIXe siècle tandis que dehors le peuple était déjà à dix-neuf ans de l'horizon indépassable de l'an 2000.

Ailleurs, cette cérémonie eût été carnavalesque. Mais quand le ridicule s'inscrit dans la durée, il confine à la grandeur. On reste dans le sublime sans jamais verser dans l'emphase. Il s'en faut de peu, mais les Anglais ont le génie de demeurer toujours en deçà de la frontière quand un peuple latin l'outrepasserait allègrement jusqu'aux limites du mauvais goût. Si l'aristocratie française est une forme de supériorité, l'aristocratie anglaise est une forme d'excentricité. Cela lui donne de l'entraînement pour ce genre d'exercice où il est si facile de glisser du féerique au frelaté.

La patine est le secret. La cérémonie n'eut pas de vraies fausses notes, à l'exception bien entendu des chaussures neuves de Mr. Owen. Nul besoin de la rouler dans la poussière pour lui donner des siècles.

La joyeuse marche solennelle me hante encore, tant et si bien que je la siffle sans discontinuer. Mais qui dans cette foule irait chercher dans l'hommage aux fameuses pompes d'Edward Elgar un clin d'œil aux chaussures neuves de Mr. Owen ?

Voilà, c'est fini, pour moi du moins puisque je n'ai pas été convié à la surprise-partie. Un oubli, certainement. Désormais, lady Diana Spencer partage avec son époux les titres de duc de Cornouailles, comte de Chester, duc de Rothesay, comte de Carrick, baron de Renfrew, lord des îles et grand intendant d'Écosse. Quand il régnera, elle ajoutera à cet état-civil en accordéon : reine d'Angleterre, d'Australie, du Canada, de Nouvelle-Zélande, de la Jamaïque, des Bahamas, des Barbades, des îles Fidji, de Grenade, de l'île Maurice, de Papouasie Nouvelle-Guinée, de Sainte-Lucie, de Saint-Vincent et des Grenadines, des îles Salomon et de Tuvalu. Ne jamais oublier la souveraineté sur Tuvalu. Qui imaginerait alors qu'en une funeste journée d'août 2005 ces îles entreraient dans l'Histoire comme le premier État appelé à disparaître en raison de la montée du niveau des océans ?

Qu'importe cette carte de visite d'un autre temps en forme de dépliant touristique puisque, aux yeux de son peuple, Diana s'est déjà fait un prénom qui vaut tous les titres de noblesse et de propriété.

Tout est rangé dans une pochette. Un jour, j'en ferai une œuvre d'art *by appointment to Her Majesty the Queen*, une vanité où la méditation sur le caractère éphémère des biens terrestres l'emporterait sur la méditation sur la mort ; elle sera frappée du sceau royal, et constituée du programme des cérémonies, du laissez-passer réservé à la presse d'outre-mer, de ma place numérotée signée du grand chambellan, de l'ordonnancement du service religieux, de la liste protocolaire, de ma place de parking et de quelques heureux décombres de la fête. Autant de royales reliques conservées depuis à l'égal du saint suaire de Turin.

Rien que les vestiges d'un jour.

Rattrapé par mon mauvais esprit, j'y adjoindrai certainement une paire de lacets noirs ainsi qu'une photographie, celle d'une inscription grossièrement peinte sur un mur, relevée à quelques rues de là : « UK DK » (prononcez *youkay decay*) pour « Décadence du Royaume-Uni ».

Un an après à Londres, j'épousai une Anglaise, moi aussi, mais plus discrètement. Pour le prince Charles et lady Diana, ça ne s'est pas très bien terminé. Quant à Mr. Owen, entre-temps il est devenu lord Owen.

7

Une plaque rue des Grands-Augustins

On n'arrête pas Voltaire mais on peut expulser Picasso. La scène se déroule dans les dernières semaines de 1966. Son œuvre est célébrée dans une rétrospective au Grand Palais. C'est l'hiver, il a quatre-vingt-cinq ans et ça ne se fait pas de jeter les gens en hiver. C'est même interdit. Le monde lui ouvrirait ses portes s'il savait. La chambre des huissiers de justice, propriétaire de l'immeuble du 5 rue des Grands-Augustins dans le VIe arrondissement de Paris, où Picasso a installé son atelier il y a près de trente ans, lui ferme pourtant la sienne.

Sur une plaque vissée sur la façade, on peut lire aujourd'hui :

Pablo PICASSO
vécut dans cet immeuble de 1936 à 1955
C'est dans cet atelier qu'il peignit
« GUERNICA » en 1937
C'est ici également que BALZAC
Situe l'action de sa nouvelle
« Le chef-d'œuvre inconnu »

L'itinéraire de Poussin à Picasso passe par Balzac. Ou plus précisément : l'itinéraire qui fait se rejoindre Nicolas Poussin et Pablo Picasso rue des Grands-Augustins passe par Balzac qui, dans sa nouvelle, mit en scène le premier, là où le second s'installa. La plaque perpétue le mythe dans le marbre. La légende est en marche que ni le héros ni ses chroniqueurs ne démentent. Une fiction née d'une fiction. Du haut de ces murs, deux chefs-d'œuvre vous contemplent.

Cet atelier est le lieu inouï où *Le chef-d'œuvre inconnu* et *Guernica* se sont télescopés. L'un inconnu, l'autre trop connu. Une rencontre invraisemblable entre l'imaginaire et le réel qui relève du hasard, ou du mystère. Un surréaliste parlera, plus exactement, du hasard objectif. Selon que l'on divinisera la peinture jusqu'à en être un religionnaire de l'art, on voudra y déceler l'ombre de la grâce. J'ai bien cherché sur place et n'ai pourtant trouvé nul halo. La quête d'un absolu ne laisse pas de preuves sur son passage. J'ai seulement relevé les empreintes digitales du génie des lieux.

Balzac d'abord. Sa nouvelle est publiée au cours de l'été 1831 dans la revue *L'Artiste*. À sa parution en librairie, elle sera datée de février 1832. Ce mois-là, le 23 très exactement, une gravure publiée dans *La Caricature* vaut six mois de prison à Daumier ; Louis-Philippe pointait derrière son Gargantua.

Le huis clos réunit trois personnages dans l'atelier du 7 rue des Grands-Augustins tandis que s'achève l'année 1612. Nous sommes chez le peintre Porbus, portraitiste flamand qui a quitté le service de Marie de Médicis pour celui de Louis XIII ; son jeune confrère Nicolas Poussin, qui n'est pas encore le grand Poussin, et le vieux maître Frenhofer, un tenant de la manière vénitienne toute de lumière et de couleur, sont venus lui rendre visite. Ils communient dans l'admiration d'un tableau de Porbus intitulé *Marie égyptienne*. Mais le démon de l'inachèvement ronge Frenhofer qui se saisit des pinceaux et entreprend de finir l'œuvre de Porbus, alors que son propre chef-d'œuvre, *La belle noiseuse*, que nul n'a jamais vu, n'est pas terminé. Dix ans qu'il s'y acharne mais la quête de la perfection requiert une vie au moins. Une muse lui manque, un modèle, une femme. Poussin lui propose alors Gilette, la somptueuse créature dont il est amoureux. Sa présence dénudée, croit-il, permettra à Frenhofer d'achever l'inachevable. Mais dès lors qu'il touche du doigt l'inaccessible étoile, Frenhofer bascule dans un au-delà de la raison et se perd. Lorsqu'il révèle le résultat à ses deux amis venus à leur tour le visiter, ils sont sidérés : d'un chaos de couleurs et d'une émeute de signes n'émerge qu'un exquis bout de pied nu, seul élément reconnaissable dans un brouhaha de formes informes. Le vieux maître ne survivra pas à leur déception. Il s'éteint dans l'incendie volontaire de ses toiles.

De là à y déceler le catéchisme esthétique de l'écrivain, il n'y a qu'un pas, allègrement franchi notamment par une thèse qui donna le *la*. On a cherché à identifier tous les peintres que l'auteur avait projetés derrière Frenhofer avant de se souvenir qu'un écrivain est d'abord un artiste et de se résoudre à ce que Balzac fût celui-là. Il est celui qui avoue demander des mots au silence et des idées à la nuit. Il est celui qui retouche le grand tableau de la comédie humaine jusqu'à ce que la perspective du chaos arrête son bras.

De son temps, un romancier écrit souvent avec un tableau dans la tête, lequel raconte une histoire. Un mystique se superpose à ce stéréotype de l'artiste romantique.

La nouvelle de Balzac est lue en son temps comme un conte philosophique. Puis comme une étude philosophique. Les comparatistes disent aujourd'hui qu'elle emprunte son acuité critique au Diderot des *Salons*. Au début, on se croit dans un conte fantastique d'Hoffmann. Puis, tout au long du texte, s'insinue l'ombre de Poussin, toujours plus énigmatique. Une ombre qui en appelle une autre, celle de Delacroix, dédicataire de *La fille aux yeux d'or* de Balzac. Pour autant, dans son *Journal*, le peintre ne souffle mot du *Chef-d'œuvre inconnu*.

En l'honneur du centenaire de la nouvelle de Balzac, Ambroise Vollard imagine, au début des années 1930, une édition pour bibliophiles imprimée à trois cent cinq exemplaires. Il songe aussitôt à Picasso pour les gravures. On n'en sait guère plus. Une chose est certaine cependant : les illustrations ont ceci d'original qu'elles n'illustrent pas le texte. Mieux encore : le mouvement profond de cette nouvelle se reflète secrètement dans d'autres œuvres de Picasso bien davantage que dans ces treize eaux-fortes et soixante-sept dessins gravés sur bois. Nombre d'entre eux précèdent la commande de plusieurs années. Hétéroclites par définition puisqu'ils sont empruntés à des carnets composites, natures mortes tout en hachures fortement contrastées, suites chorégraphiques de lignes et de points, groupes de personnages... Il en vient de partout. Picasso a-t-il seulement lu *Le chef-d'œuvre inconnu* ? Qu'importe au fond puisqu'il en est un prolongement instinctif.

Picasso est le premier à convenir qu'il n'illustre jamais rien. Il fait ce qu'il a à faire comme il a toujours fait. La rencontre avec le texte est un travail d'éditeur, au sens de rapprocheur d'hommes et d'idées. L'éditeur est celui qui fait se rencontrer des créateurs qui ne se seraient peut-être jamais parlé sans lui. Un véritable entremetteur.

Exactement ce qui advient avec Vollard : le marchand possède des gravures de Picasso, Cendrars lui suggère de les emballer avec la nouvelle de Balzac, le livre rare est fait. Qui oserait encore parler d'illustration de l'un par l'autre ? Les tenants d'un axe Balzac-Cézanne-Picasso, le premier ayant eu l'intuition théorique des convictions esthétiques du second abouties par le troisième. On ira jusqu'à en déduire une parenté certaine entre Frenhofer et Picasso tant dans la sensualité, l'art de la retouche après le remords, le génie du dernier coup de pinceau que dans la folie de l'acte créateur — et le fait que Cézanne se soit reconnu dans la personne de Frenhofer n'y est pas étranger. Les voies de l'histoire de l'art sont parfois impénétrables. Un tel niveau de sollicitation des textes, de ce qui est écrit et de qui aurait pu l'être, de ce qui est dessiné et de ce qui est effectivement peint, élève vraiment la névrose de l'interprétation au rang d'un des beaux-arts. Rarement une rencontre virtuelle aura déchaîné chez les spécialistes des spéculations aussi délirantes que dans ce silencieux colloque entre Balzac et Picasso. Deux phénomènes en qui tout est monstrueux.

La légende exige qu'ils se rejoignent, étant entendu que derrière Balzac point naturellement l'ombre familière de maître Frenhofer. Grâce à l'ingénieux Vollard, ils iront donc bras dessus bras dessous pour l'éternité. Dans les premières années du XXIe siècle, l'exemplaire n° 275 d'un livre rare dès sa naissance, l'un des deux cent quarante sur papier de Rives, enrichi de dessins originaux de Picasso aux crayons gras de couleurs sur presque chaque page, relié par Creuzevault en maroquin noir, mosaïque de veau noir, gris et crème et jeux de lignes estampées à froid, est mis sur le marché. Tel quel on croirait une enluminure médiévale des temps modernes. C'était l'exemplaire de Paul Eluard. Une vraie affection lie le poète au peintre. Sur la page de dédicace, la main de Picasso a écrit au recto : « Pour toi mon cher ami Paul Eluard » et au verso « Pour Monsieur Paul Eluard l'Ami de Picasso, H. de B. » Elle signe une troublante identification. Dans le catalogue du commissaire-priseur, la notice précise que « l'action de cette nouvelle est située par Balzac dans le lieu même où Picasso vécut pendant la guerre et orna cet exemplaire : l'atelier du 7 rue des Grands-Augustins ». La notice de l'expert s'intitule « Picasso hanté par Balzac ». Estimation : entre 600 000 et 900 000 euros.

Nous sommes au milieu des années 1930. L'atelier de
la rue La Boétie où est installé Picasso est trop petit.
Dora Maar se charge de trouver autre chose au Quartier
latin où elle vit, le plus près possible de chez elle, rue de
Savoie. On lui parle d'un local rue des Grands-Augustins. Celui que Georges Bataille a utilisé pour les réunions de son groupe Contre-Attaque. Celui-là même
que Jean-Louis Barrault occupe pour les répétitions de
théâtre du groupe Octobre après y avoir fait travailler sa
première troupe, la Compagnie du grenier des augus-
tins. Avant eux, un tisserand y avait son atelier. L'ancien
hôtel de Savoie-Carignan baigne encore dans son jus
XVIIe, une cour pavée, le fleuve au coin de la rue. Une
photographie d'Eugène Atget *circa* 1900 révèle la présence à l'entrée du 7 des « Éditions et librairies de la
faculté de théologie Roger Chernovitz » à gauche, et de
« Centralisation d'ouvrages. Livres en gros » à droite.

Picasso est conquis d'emblée. L'endroit a un je-ne-sais-
quoi du Bateau-Lavoir, en plus vaste. Peu de biographes
s'aventurent à imaginer que le peintre et sa compagne ont
alors fait le rapprochement avec Balzac. L'un d'eux croit
même y voir « un signe du destin ». Aucune allusion n'en
fait pourtant état dans les lettres, souvenirs, archives,
interviews de Picasso. Même pas *a posteriori*. En 1937, le
numéro 7 de la rue des Grands-Augustins, c'est pour lui
le « grenier de Barrault » après avoir été pour elle le « local
de Bataille », et avant de devenir l'« atelier de Picasso ». Le
couple ignore tout du passé de fiction de l'ancienne résidence des ducs de Savoie.

Sur une porte, au deuxième étage, est vissée la plaque du Groupement des huissiers de la Seine. Ce serait un bon signe s'ils n'étaient pas justement propriétaires de l'hôtel depuis 1905. Habiter au-dessus de son propriétaire est une chose fort déconseillée. Picasso vit deux étages plus haut. Il est inconnu des sommiers judiciaires. Mais il en va parfois d'un homme comme d'une œuvre d'art : « inconnu » peut finir par se transformer en « inidentifiable ».

« C'est ici. » Picasso a punaisé un bout de papier sur la porte à l'intention de ceux que l'environnement effraie. Derrière la porte, l'atelier en impose immédiatement comme les grands personnages. Il s'en dégage une atmosphère de château hanté. Une théorie de pièces, recoins, enfilades, escaliers agencée par un architecte en état d'ébriété. À moins que cette vision ne provienne de ce que chaque époque y a laissé successivement en dépôt. Le visiteur accède par des colimaçons. Un poêle de guerre saute aux yeux. Il y en a un semblable dans chaque pièce de l'hôtel. Il est surmonté d'un étrange système de récupération de chaleur. Vastes et hautes, les pièces sont difficiles à chauffer. La lumière naturelle y est en revanche bien accueillie. Un minutieux désordre règne partout. Il faut lever les yeux au plafond pour y rencontrer les lignes à peu près droites des poutres apparentes que l'on retrouvera dans nombre de tableaux des années 1940. Dans cette stratégie de l'amoncellement, on distingue des toiles, des journaux, des tubes, des livres, des guitares, des pinceaux, des photos, des mandolines, des vêtements, des palettes, des souliers, des sculptures de toutes matières et des objets sans nom. Un certain rangement révèle que quelques coins sont soustraits au travail créateur. Picasso garde tout, absolument tout. Picasso est le plus grand collectionneur de Picasso.

La première fois que Picasso reçoit Françoise Gilot à l'atelier, un matin de mai 1943, il fait faire à cette consœur de vingt et un ans le tour du propriétaire puis lui annonce fièrement : « L'escalier que vous avez pris, pour venir jusqu'ici, est celui que le jeune peintre du *Chef-d'œuvre inconnu* de Balzac grimpait pour venir voir le vieux Porbus, l'ami de Poussin, qui peignait des toiles devenues indéchiffrables à force de travail... »

Un autre jour à La Californie, c'est en 1957, il se confie à son marchand Daniel-Henry Kahnweiler : « Ce qu'il y a d'extraordinaire chez ce Frenhofer du *Chef-d'œuvre inconnu* de Balzac, c'est qu'à la fin plus personne ne voit rien, sauf lui. À force de chercher la réalité, il arrive aux ténèbres noires. Il y a tant de réalités qu'à force de tenter de les rendre toutes visibles, on finit dans le noir. C'est pour ça que lorsqu'on fait un portrait, il y a un moment où il faut s'arrêter à une sorte de caricature. Sinon, à la fin, il n'y aurait plus rien du tout. »

Le chef-d'œuvre est la preuve tangible de la possibilité d'un absolu en art. Son fantôme obsède des siècles de création, et sa légende entretient la plus féconde des utopies. Le mythe du chef-d'œuvre absolu survit à des générations d'artistes pour autant qu'il se contente d'incarner une quête sans fin, mais retombe lourdement dès que pointe l'absurde idée de perfection derrière l'idéal.

Le chef-d'œuvre du temps de Picasso n'est pas le chef-d'œuvre du temps de Balzac. Dans l'esprit moderne, il suppose une correspondance entre le désir de l'artiste et le goût du public. Quelque chose de l'ordre d'une intime connivence appelée à devenir une coïncidence historique.

Malgré les efforts des biographes, rien n'y fait : pas la moindre trace de réminiscence balzacienne dans les écrits de Picasso. À l'oral, c'est un peu différent. Lors de ses fameux entretiens avec le peintre, Brassaï le dit ému et stimulé d'être le successeur de Frenhofer en ses murs. Il tient également que Jean-Louis Barrault avait le tout premier signalé l'endroit à Picasso. Mais Brassaï en a écrit d'autres tout aussi floues.

On appelle cela le génie des lieux : le parc au cœur de la plaine Monceau agit sur moi comme un aimant. Je n'y ai jamais habité mais j'y ai longtemps vécu. Pourquoi en parler au passé ? Ce moment magnétique dure depuis l'adolescence. De mes deux années passées au cours privé de l'avenue Van-Dyck ne me restent que mes errances permanentes dans le parc. Un souvenir d'insouciance, de légèreté et de pureté. L'enquête préludant à ma première biographie m'y ramène au tout début des années 1980.

Marcel Dassault, né Bloch d'un côté et Allatini de l'autre, a été un enfant lui aussi. Sa mère l'envoie jouer le samedi chez ses cousins Camondo de la plaine Monceau. Non dans le bac à sable de l'allée centrale, ni à la piste de patinage, non plus qu'au manège et balançoires près de la rotonde néoclassique entourée d'un péristyle où ne règne plus qu'une dame pipi. Les cousins ont leur parc dans le parc. Des grilles le protègent. Cette curiosité pour l'imaginaire du grand avionneur me fait pousser pour la première fois les portes du musée Nissim de Camondo au 63 rue de Monceau. L'endroit est impressionnant de solitude, sombre, un rien lugubre. Il est dans son jus, autant dire dans sa poussière. La part archaïque du personnage de Marcel Dassault, qui m'échappait jusqu'alors, surgit par la mélancolie de cette Atlantide séfarade engloutie en lisière du parc.

Mes pas me ramènent plusieurs années après rue de Monceau. Un immeuble impersonnel abrite la galerie Louise Leiris au numéro 47. Longtemps, amateurs et collectionneurs s'y sont rendus en disant qu'ils allaient « chez Kahnweiler ». Chez elle, chez lui, c'est tout comme. J'y passerai quelques années à préparer la biographie du marchand des cubistes dans une liberté absolue malgré l'infinie discrétion de ses responsables. Je pouvais tout dire, j'ai donc tout écrit. Sauf une chose qui ne pouvait l'être qu'après leur mort à tous. Le secret de famille : Louise Leiris n'était pas la belle-sœur de Daniel Kahnweiler mais la fille naturelle de sa femme lorsqu'il l'a rencontrée il y a près d'un siècle. Quand j'ai buté sur cette contradiction dans les archives de l'état civil, les collaborateurs de la galerie m'ont laissé me débrouiller avec ma conscience. Allais-je leur causer un grand chagrin en révélant cette infime vérité ? J'ai choisi de mentir en accréditant la vérité officielle. Aucun regret. Chaque fois que je retourne à la galerie pour une exposition, si la porte de la grande pièce est entrouverte, celle dans laquelle les bureaux de Louise Leiris et de Daniel Kahnweiler se faisaient face, je repense à elle, assise sur une chaise à côté de moi, dame recrue de jours d'une grande beauté intérieure, songeant à la bâtarde qu'elle fut et répondant à « la » question d'un sourire et d'un regard muets.

Les années passent encore et je reviens dans cette rue de Monceau, quelques numéros plus haut, pour un dîner offert par un mécène à bulles dans le jardin de l'hôtel Camondo ; la soirée se tient en l'honneur de mon ami Maurice Lever pour son édition du *Voyage d'Italie* du marquis de Sade, et de l'exposition de dessins qui l'accompagne dans les dépendances. Pourquoi m'éclipsé-je entre deux discours ? Quelque chose me fait abandonner la fête, gravir les marches de l'hôtel désert, hanté par ses seuls fantômes, jusqu'en haut. Et là, je suis brusquement saisi en m'attardant sur l'arbre généalogique de cette famille dont j'ignore tout. L'itinéraire de Constantinople à Auschwitz en passant par la rue de Monceau. Mon ami me cueille à mon retour dans le jardin. Il me trouve une drôle de tête. Je suis simplement bouleversé, et animé d'une certitude : demain, j'entre dans cette famille qui n'existe plus.

Depuis lors, ce coin de la plaine Monceau m'habite définitivement. C'est là que l'on a le plus de chance de m'y trouver absent.

Quand nos pas nous y mènent, certains lieux nous

parlent. Encore faut-il que nous puissions reconnaître leur voix. Que nous sachions déjà ce qu'ils ont à nous dire.

On peut marcher rue Bonaparte sans rien entendre. On peut aussi se souvenir que Manet habitait au 5 quand la rue était encore celle dite des Petits-Augustins, qu'il vivait ainsi à équidistance de l'École des beaux-arts et de l'Institut, où commence une carrière de peintre et où elle finit, précisément là d'où il ne sortit pas et là où il n'entra pas.

Il se fait attendre et espérer, l'historien de l'art ou le biographe qui saura nous dire avec certitude si la *Quinta del sordo* s'appelait déjà la Maison du sourd lorsque Goya, qui n'entendait plus, s'en fit l'acquéreur pour y passer ses dernières années dans le silence de ses propres ténèbres.

Durant les deux années de son mandat parisien, Carlos Fuentes ne parvient pas à écrire la moindre ligne dans sa résidence d'ambassadeur du Mexique. Il démissionne pour écrire enfin et loue une maison à cet effet dans la banlieue parisienne. Aussitôt la main à plume se remet en état de marche. Son goût pour les formes lui revient mais la terreur advient qui le paralyse. La maison était hantée : c'était celle de Gustave Doré. Il ne faut pas chercher ailleurs la tonalité particulière de son roman *Un certaine parenté*, tout imprégné des illustrations du *Petit Chaperon rouge* par le maître de la gravure.

Hôtels, bistros, restaurants, bibliothèques, métro, autobus, maison... J'ai écrit *Lutetia* partout sauf au Lutetia, où je n'ai jamais réussi à tracer deux lignes. On appelle cela le génie des lieux pour dire que l'on ne sait pas comment l'appeler.

Picasso enfin. Plus de mille cinq cents morts, quelque huit cents blessés. Femmes, enfants, vieillards arrachés un jour de marché de ce 26 avril 1937. Une série de bombardements aériens, Guernica en cendres et poussières en quelques heures. À cet endroit précis de la terre basque, l'aviation allemande a fait d'une ville une cicatrice. Un jour viendra où l'on y verra le vrai début de la Seconde Guerre mondiale.

Picasso l'a promis à ses amis du gouvernement républicain : il enverra une peinture murale au pavillon de l'Espagne de l'Exposition internationale de 1937.

Guernica s'impose à lui. Huit mètres de large, trois mètres cinquante de haut. Il faut un peu incliner le châssis pour qu'il tienne dans l'atelier. Les dimensions de ce tableau, qu'il va baptiser *Guernica*, tout simplement, sont impressionnantes. Pour autant, ce n'est pas de la peinture monumentale, celle qu'on nomme ainsi dès que le peintre monte sur un escabeau ; *Guernica*, c'est un monument en soi.

Le statut d'œuvre de commande cadre mal avec l'idée que l'on se fait de la notion de chef-d'œuvre. D'autant que ce chef-d'œuvre-là cadre mal avec la notion d'œuvre de commande. Une œuvre de propagande, alors ? Trop désarmant pour pousser quiconque à s'engager, *Guernica* est un tableau vrai à en pleurer.

Picasso ne sait pas ce qu'il fait : un chef-d'œuvre. Mais son instinct lui commande d'en archiver soigneusement pour la postérité toutes les stations : ébauches, esquisses, photographies...

Au début du XXIᵉ siècle, *Guernica* est menacé de mort pour avoir trop bougé. Il a tant voyagé jusqu'aux années 1960 qu'il s'est détérioré. Sa fragilité lui interdit désormais toute manipulation. Le conseil d'administration du musée de la Reine-Sofia ne le laisse plus quitter Madrid. Même pour qu'il rejoigne la terre basque le jour du soixante-dixième anniversaire du bombardement de Guernica.

Un excès de puissance créatrice peut tuer une œuvre.

Picasso a plus de quatre-vingts ans. Il n'habite plus Paris depuis des années. On le voit moins qu'avant « aux Grands-Augustins », comme les gidiens eussent dit « au Vaneau ». Au 25, Le Catalan, ce restaurant où il avait ses habitudes, comme Eluard, Leiris, Auric, Desnos, Beaudin, Thirion, Hugnet, Valéry, Balthus, n'est plus qu'une réminiscence d'une époque révolue. Il ne lâche pas pour autant l'atelier où il a peint son chef-d'œuvre. Il interdit même qu'on le nettoie, tout comme ses autres ateliers. La poussière protège.

Un jour, à l'occasion d'une reconduction de son bail, les propriétaires avertissent Picasso qu'ils vont réévaluer son loyer, mesure d'autant plus urgente que depuis un certain temps il est nettement sous le prix du marché. L'entourage du peintre s'en inquiète. Son avocat, Mᵉ Bacqué de Sariac, se charge de tout. Mais il n'y a qu'une alternative : accepter l'augmentation de loyer ou vider les lieux. Les personnages extraordinaires sont confrontés eux aussi à des problèmes ordinaires. Picasso est, quant à lui, fou de rage à l'idée de se faire expulser d'un lieu qui est désormais dans la chair de son œuvre. Et il n'entend pas surpayer un local qui ne lui est plus réellement nécessaire, sinon sur le plan symbolique. L'affaire remonte jusqu'au cabinet du ministre de la Culture. Malraux lui-même n'en peut mais : l'État n'est pas fondé à intervenir dans une affaire d'ordre privé. Trop frontal. On essaie de biais. Toutes les tentatives échouent. Le différend menace de se feuilletoniser dans les journaux. Picasso renonce et déménage son atelier dans sa propriété de Vauvenargues acquise voilà quelques années.

Juste un détail encore : dans les années 1815-1816, Balzac fut pensionnaire au 5 rue de Thorigny, à l'Institut Ganser sis dans l'hôtel Salé appelé à devenir un jour le musée Picasso. On sait qu'il n'est pas de sens plus nomade que la vue. Mais à trop se concentrer sur les vignettes d'une vie, le regard risque de gâter l'unité du tout. Baudelaire avait déjà pointé le danger dans « une émeute de détails ».

Dieu est dans les détails. Le mot est attribué à Aby Warburg. Qui l'a réellement inventé ? Qu'importe après tout puisqu'il y en a toujours un avant. L'historien de l'art a écrit : « *Der liebe Gott steckt im Detail.* » Le bon Dieu niche dans les détails. Le bon Dieu... C'est donc bien de cela qu'il s'agit. Mais trop de détails sont diaboliques pour qu'on soit tenu de le croire.

Si l'attribution n'est pas une science exacte, elle l'est

encore moins en littérature qu'en histoire de l'art. Vanité de ces écrivains qui se disputent la paternité d'un mot, ou d'un trait, quand ce n'est celle d'une sorte de réflexion ou d'un ersatz de maxime. Vanité plus vaine encore de leurs biographes quand ils se disputent au nom de leur héros. Avant Aby Warburg, l'architecte Ludwig Mies van der Rohe aurait dit sensiblement la même chose, avant Flaubert, et avant encore Spinoza au principe 24 de la cinquième partie de l'*Éthique* (« Plus nous comprenons les choses particulières, plus nous comprenons Dieu ») et enfin, dit-on, Michel-Ange...

Tous d'accord donc, sauf sur la paternité de l'invention. Une seule chose semble acquise : si Dieu est dans le détail, c'est un artisan de premier ordre.

À l'été 1980, le musée Picasso est encore dans les limbes, c'est-à-dire au Palais de Tokyo. Aucun des lieux de travail du peintre ne se signale au public par une plaque. Pas davantage de rue à son nom. Le conservateur Dominique Bozo échoue à faire rebaptiser rue Pablo-Picasso la rue des Grands-Augustins. Il devra se contenter d'une plaque en comblanchien avec lettres dorées à l'or fin. La maison Vautcranne-Schmit-Prevot est chargée de l'exécution. Encore faut-il que le conseil d'administration des huissiers de justice de Paris donne son accord.

Ils sont toujours propriétaires des murs qui supporteront l'hommage *ad vitam æternam* au génie qui domina son siècle, celui-là même qu'ils ont expulsé pour une histoire de loyer quand ils auraient pu, en l'occasion, élever un temple à sa gloire et à la leur, et célébrer ainsi les noces de l'art et de la loi. Dominique Bozo leur soumet plusieurs textes : la quatrième variante est acceptée. C'est la seule qui fasse mention de Balzac et pas exclusivement de Picasso. La vengeance est un plat qui se mange congelé. Reste encore à soumettre ce texte aux héritiers de l'artiste. Ils y apportent des modifications grammaticales. Un seul changement sur le fond : il faut préciser que le texte de Balzac est une nouvelle. Rien qu'une nouvelle. Comme pour mieux souligner la disproportion entre le chef-d'œuvre mondialement consacré du peintre, et celui de l'écrivain qui n'est chef-d'œuvre que par son titre. L'immense massif romanesque de *La comédie humaine* aurait fait contrepoids à *Guernica*, là où une simple nouvelle ne peut rivaliser.

La plaque est apposée le vendredi 30 octobre 1981 à 15 heures pour le centenaire de la naissance de Picasso. Peut-être eût-il aimé que l'on gravât, en lieu et place du texte officiel, cette lettre qu'il reçut un jour d'un garçon de neuf ans et demi : « Qu'est-ce qu'on peut acheter chez vous pour remplacer la colombe en porcelaine de maman ? »

La plaque est là désormais. Tout le monde n'y prête pas attention. Et parmi ceux qui la remarquent, combien savent la lire ? Peu importe le nombre. Elle est là.

Le personnage principal du film *Bleu* vient de perdre son mari et sa fille dans un accident de voiture. Elle erre dans un nouvel appartement au crépuscule. Un chat miaule sur le palier. La porte claque derrière elle quand elle sort, intriguée. Enfermée dehors celle que le destin vient déjà d'enfermer dedans. Kieslowski demande à son ingénieur du son de mixer le fracas d'une voiture s'enroulant autour d'un platane au bruit d'une porte qui se referme. Seuls quelques spectateurs de son film sur des millions perçoivent cet infime détail. Il n'en faut guère plus. Ces choses-là sont faites pour quelques-uns. Quatre esseulés ne font pas une élite. Juste des gens auxquels un atome d'une œuvre parle secrètement.

On écrit, on peint, on dessine, on photographie, on compose, on filme pour quelques-uns. Tant mieux s'ils sont rejoints. Dans le cas contraire, toujours penser à Beaumarchais s'adressant à Mme de Godeville : « Si vous ne m'aimez plus, tant pis pour nous. »

8

Dans les poches de Bonnard

Ceci n'est pas le dernier chapitre. Juste celui qui ferme la marche. Je n'ai jamais eu autant de mal à finir un livre. C'est à la fois la grande vertu et la discrète perversité du traitement de texte que de nous accorder un accès permanent au remords.

On ne finit jamais. Le point final est une illusion. L'auteur laisse s'écrire en lui ce qui aurait pu advenir, le lecteur prolonge par son imaginaire ce qui est advenu sous ses yeux ; à l'instant même où on le croit gravé dans le marbre, le livre devient matière folle appelée à toutes les métamorphoses. Il y a des fins ouvertes et il y a des fins fermées. Une fin ouverte caractérise le roman moderne. Gardons-nous de toujours conclure afin de ne pas clore une œuvre, et lui laisser la possibilité de l'ailleurs.

Et puis parvenir à la fin, c'est renouer avec le commencement. S'ensuivent un malaise et une ivresse.

Que d'incomplétude dans les *Œuvres complètes* !

Inachevé, *L'homme sans qualités*. Plus Robert Musil se rapproche du nœud de son roman, plus son impitoyable lucidité critique l'oblige à en différer la livraison. Son chantier ne peut exister que dans un inachèvement devenu un mythe. Pure question technique : il manquera toujours des pages au livre bien que l'auteur ait porté sa fin en lui. Seule sa mort l'a contrarié. Puisque c'est dans l'écriture que se décide ce qu'il croit, il ne peut cesser d'écrire sans prendre le risque de cesser de croire.

Inachevés, *Les chants de Maldoror* de Lautréamont.

Inachevé, *Le château* de Kafka.

Inachevé, le *Platonov* de Tchekhov.

Inachevées, *Les âmes mortes* de Gogol.

Inachevé, *Bouvard et Pécuchet* de Flaubert.

Inachevés, *La vie de Marianne* et *Le paysan parvenu* de Marivaux.

Inachevé ! Inachevé ! Inachevé ! Encore met-on de côté ceux dont la mort a empêché la terminaison, *Le dernier nabab* de Scott Fitzgerald et tant d'autres.

La mort de Virgile inachève l'*Énéide*. Mais qui a le dernier mot, l'œuvre ou le créateur ?

Pour le sculpteur, ça se discute. Le bronze est tabou. Signé, daté, poinçonné : achevé. On peut toujours le mouler, modifier la cire obtenue et couler cette nouvelle forme en bronze, sauf que ça ne se fait pas. On peut repatiner une terre cuite à défaut de la retoucher. Seul le plâtre autorise tous les remords, bien que les différences de blanc dénoncent à tous l'infini regret de l'artiste.

Un manuscrit peut être inachevé, on le dit terminé lorsque le premier exemplaire est imprimé, quitte à ce que le texte soit ensuite repris au lecteur pour être amendé et enrichi sans fin au gré des rééditions. Une photo peut être inachevée, on la sait terminée quand le tirage est sec, quitte à ce que le retoucheur corrige la nature. L'emballage de l'un, l'encadrement de l'autre modifient à peine le regard que nous portons sur les œuvres. Seul le tableau est incertain de son avenir.

L'achever, c'est le tuer. Dans certains cas, se tuer. Certains ne s'y sont jamais résolus. Le Frenhofer du *Chef-d'œuvre inconnu* sait qu'une version définitive du tableau lui serait fatale.

Inachevés, le *Saint Jérôme*, *L'adoration des mages*, *La Joconde* et tant d'autres œuvres de Léonard de Vinci. Sans raison apparente. On lui pardonne, non pour son génie mais pour son statut. Plus l'artiste est considéré comme un penseur, moins l'artisan qu'il fut est tenu d'accomplir sa tâche jusqu'à sa terminaison. La Renaissance consacre le *non finito* comme la signature du génie créatif. L'indispensable Vasari remarque déjà qu'il confère beauté et majesté aux visages des Apôtres mais laisse en suspens celui du Christ par crainte de ne pouvoir lui donner le caractère de céleste divinité qu'exige son image. Pour justifier tant d'abandons, on invoque des raisons esthétiques, le spectre paralysant de la perfection, l'évolution de son art en cours d'exécution, l'impatience face à la peinture et surtout une profonde curiosité qui l'instabilise en l'appelant sans cesse ailleurs. N'empêche qu'on se méfie de celui qui a la réputation de ne jamais terminer.

Dans le contrat de l'*Adoration* destinée au maître-autel de leur couvent, les frères de San Donato l'engagent à livrer le retable complet dans un délai de vingt-quatre à trente mois, sans quoi la commande sera caduque.

Inachevée, *Amalie Zuckerland*, une huile de Klimt mi-peinte, mi-crayonnée. Toute la robe est inexplicablement restée à l'état de dessin.

Inachevées, les œuvres du Primatice. De lui, il ne reste en fait pour l'essentiel que des dessins préparatoires.

Inachevé, *Le concert* de Staël, lui qui veut s'habituer à finir davantage sans finir. Les derniers temps, ses toiles sortent trop vite de l'atelier à son goût. Pour trouver le ton exact, il ne peut plus que remettre la couleur avec une surcharge d'huile. Quelques heures avant de sauter par la fenêtre de son atelier, il écrit : « Je n'ai pas la force de parachever mes tableaux. »

Inachevés, ces carafes et flacons dont Morandi se détachait après des mois sinon des années. Lui seul les jugeait inachevés.

Inachevée, la dernière toile d'Eugène Leroy : près d'un demi-siècle qu'il y travaillait.

Inachevés, les autoportraits que Rembrandt nous invite à compléter.

Inachevées, certaines parties du *Serment du Jeu de paume*. Un chef-d'œuvre inaccompli, comme la Révolution. Peint à la suite d'une décision de la Convention du 28 décembre 1793. David le jacobin l'abandonne en l'état dans l'église désaffectée des Feuillants, où il l'a peint. On le dit trop pris par ses devoirs de conventionnel. Il n'achève pas ses toiles pendant les événements, à l'exception notable des portraits de Le Peletier de Saint-Fargeau et de Marat. Les circonstances ont glacé ses pinceaux. Historiquement, le *Serment* n'est plus d'actualité. La prison rend prudent, et le spectre de l'échafaud circonspect.

Et puis comment résoudre la contradiction entre le nu classique et le costume ignoble ? Souvent, l'inachèvement ajoute au mystère. Aux yeux de David, est inachevée toute œuvre qu'il ne juge pas digne d'inscrire dans son catalogue. Tout laisse accroire que s'il avait achevé *Mort du jeune Bara,* il n'aurait pas rhabillé le petit tambour de la république tombé en Vendée en 1793, androgyne d'une sensualité féminine, nu baignant dans une lumière monochrome, l'enfant héroïque glorifié par un discours de Robespierre avant d'être immortalisé par le crayon de David. On a longtemps disputé de l'étrange état de ce dessin, comme s'il prenait tout son sens dans l'absolue pureté de ce corps *volontairement* dépouillé. Mais la grâce d'une œuvre ne tient-elle pas aussi à cette incertitude ?

Le contexte politique éclaircit la décision. Mais quand il est silencieux ? Comment expliquer l'inachèvement, en 1805, du portrait de l'avocat Jean-François Gilibert, d'autant qu'il s'agit de son ami d'enfance et de l'une de ses œuvres préférées ? Pourquoi David n'achève-t-il pas non plus le *Portrait de Juliette Récamier* ? En 1800, il se dit encore insatisfait, le reprend dans un atelier où le jour vient de moins haut, traîne exagérément, excite l'impatience de son modèle, jusqu'à ce que dix-huit ans après, Gérard termine ce que David a commencé. La

légende est en marche. Pour certains peintres, l'œuvre
de David n'est qu'un dîner de têtes. Faiseur de torses !
lancera Delacroix.

Dans ses lettres à son père, Suau, élève de David,
nous tient au courant jour après jour de l'avancement de
Léonidas aux Thermophyles. Abandonné, repris, abandonné, repris... Et le 13 août 1813 : « Il a même commencé à le finir ! » Commencé en 1798, fini en 1814.
Jacques-Louis David expire en 1825 à Bruxelles des
suites d'une congestion cérébrale. Il lâche ses derniers
mots en indiquant à un disciple, d'un mouvement de
canne, comment achever *Léonidas* pour de bon : « Trop
noir... trop clair... La dégradation des couleurs n'est pas
assez bien exprimée... Cet endroit papillotte... Cependant, c'est bien là une tête de Léonidas. » Fin de
l'homme, fin de l'œuvre. Un chef-d'œuvre n'a jamais
fini de dire ce qu'il a à dire.

Il est trivial d'associer fini et léché. Le fini a partie liée
avec la mort, l'inachevé avec la quête de la résurrection.

Castiglione a raison : trop d'application nuit. Il faut
savoir lever la main à temps. Vient un moment où ça
suffit. À force de repasser dessus, on gâte la première
fraîcheur du tableau. Seul l'inachevé serait touché par la
grâce car il est justement un défi à l'application, à une
conception laborieuse de l'art, à l'effort. L'art de dissimuler l'art est la signature de l'excellence. La grâce ne se
traduit pas en termes de proportion et d'harmonie mais
selon une autre unité de mesure, au moyen de règles
gouvernées par le mystère.

La quête de la perfection est inhumaine. Quentin de La Tour s'y jette dans l'espoir insensé de rendre la vérité d'un homme. Il reprend en 1744 le portrait de Jean Restout qu'il a donné à l'Académie. Son hommage à celui à qui il doit tant ne peut être qu'infini. « Je ne puis dire quand il sera fini », reconnaît-il.

Toujours reprendre, encore approfondir. Au risque de faire la toile en ajoutant un détail dans un esprit de compromis. Ingres met bien quarante ans à venir à bout de sa *Vénus anadyomène*. Parfaire, repriser, retoucher. C'est sans fin.

Ce qui demeure à jamais inachevé est parfois plus puissant que ce qui est terminé. On en connaît dont l'ouïe prend le deuil à l'écoute du *Requiem* de Mozart, précisément à la huitième mesure du *Lacrimosa*, où il lâcha sa plume pour toujours.

« Inachevé » est moins dur qu'« inabouti ». En 1953, dans le magazine *Look*, Matisse admet que sa grande contribution a été d'apporter un sentiment de l'espace par la couleur. Mais comme on lui demande : « Laquelle de vos peintures considérez-vous comme tout à fait aboutie de ce point de vue ? », il dit : « Pas de réponse. »

Parvenu à un certain point dans l'obstination, l'inachèvement devient l'essence de l'œuvre. Encore faut-il surmonter une ultime contradiction : rendre l'esprit de cet inachevé par une forme relativement achevée. Même si Delacroix assure que pour achever un tableau il suffit d'en couvrir le champ.

L'Homme est inachevé. C'est du moins ce que prétendent certains théologiens pour expliquer le mal. Ceux qui écrivent tiennent souvent la fin pour une chute. Ceux qui filment considèrent le *final cut* comme un droit de vie ou de mort.

L'œuvre d'Orson Welles est pleine de projets inaboutis, de films inachevés qu'il a délibérément voulu laisser en l'état pour l'éternité : ses dernières volontés sont muettes sur leur devenir. *La splendeur des Amberson* a été montée et partiellement tournée par d'autres que lui. *It's All True* a été abandonné en cours de route et partiellement détruit. *Don Quixote* a été interrompu en plein tournage. *Le marchand de Venise* a été volé. Il y a du Léonard en Welles qui abandonne au milieu du travail par lassitude et curiosité, pressé d'aller voir ailleurs, quitte à y revenir.

Rien ne révèle mieux le statut de ses films que ses dispositions testamentaires : à l'épouse les droits sur les films achevés, à la compagne ceux des films inachevés. Dans la lumière, la loi et la complétude ; dans l'ombre, l'illégalité et l'inaboutissement.

À partir de 1882, le symboliste Gustave Moreau fait agrandir des toiles qu'il a commencées vingt ans avant : *Les Rois mages, Hercule et les filles de Thespius, Hésiode et les Muses...* Le grand revisiteur de mythes désigne ces ajouts comme « des détails augmentatifs » destinés à achever la composition en lui donnant tout son sens. Les *Argonautes* sont étirés vers le bas sept ans après l'exécution du tableau afin de mieux convenir au mur de son propre musée, auquel il le destine. Certains autres semblent appeler une modification *ad infinitum* : *Prétendants* est commencé avant 1857, complété dans les années 1860, étiré en 1882 et achevé dans les dernières de sa vie. Seule la mort peut le ravir à sa folie du détail manquant.

Ses *Salomé* sont tatouées longtemps après.

L'artiste hanté par l'achèvement fait passer l'œuvre avant sa personne. Il privilégie la durée sur l'instant. Ce devrait être l'exercice suprême dans l'ordre de l'humilité.

L'insatisfaction mine Degas. Il souffre car il repart de la maison d'un de ses collectionneurs sans avoir récupéré le tableau qu'il souhaite compléter. Il parvient parfois à reprendre à ses acheteurs des tableaux dans ce seul but. Le baryton Jean-Baptiste Faure, l'un de ses plus fidèles collectionneurs, compatit ; en 1874, il accepte d'acheter six toiles à Durand-Ruel afin de lui permettre de les mener à leur accomplissement ; en échange, Degas lui peint quatre nouveaux tableaux. Mais il fait de la rétention. L'affaire traîne pendant une dizaine d'années. Faure doit le menacer d'un procès pour qu'il s'arrache enfin à ses tableaux et les lui restitue.

Tel est le prix que doit payer celui qui veut parachever l'inachevé, cette folie infinie. Le travail est sans fin pour celui qui cherche la vérité. Paul Valéry le dit en substance dans l'éclair d'une formule : un artiste ne concède jamais qu'il ait rejoint l'état posthume de son morceau. Qu'il soit peintre, sculpteur, écrivain, il sait que la mort se profile dans toute fin.

Dans son testament, Turner lègue à la nation autant de tableaux achevés que de tableaux inachevés. *Paysage avec une rivière et une baie dans le lointain* (1835-1840), le Turner du Louvre, le seul en France, est inachevé. Sauf que l'inachevé reflète un point de vue du dehors : vu du dedans, c'est de l'ordre de l'inaccompli. Manet sait ce qu'il manque à son *Olympia* et que nul autre que lui ne sent : un chat noir à la queue en point d'interrogation, ultime provocation ironique — il l'ajoutera un an après.

Finir, en finir, se finir. Mener à sa fin, c'est-à-dire à son point de perfection. Une telle quête est in-finie. À se demander parfois s'il ne convient pas de reconsidérer l'extrême « fini » de la peinture néoclassique sous l'angle de la névrose. Dire qu'il en est encore pour s'étonner que tant d'artistes choisissent la mort volontaire !

Au XIXe siècle, le goût bourgeois met le fini à l'honneur en ce qu'il témoigne justement du travail effectué par le peintre. L'œuvre est menée jusqu'à sa terminaison, ce qui réduit la liberté du spectateur pour imaginer et critiquer. Est propre et net ce qui est fini. Tant et si bien que les novateurs disent à l'époque souffrir de la tyrannie du fini.

Le peintre a fini quand on ne voit plus l'échafaudage, le crayon sous l'huile, la route qu'il a empruntée et la structure derrière les lignes. Michel-Ange brûle les esquisses de son *David* afin que nul ne voie jamais le travail à l'œuvre, et l'œuvre dans ses inachèvements.

Valéry encore : l'effort cesse quand le travail efface enfin toute trace du travail. On ne sent même plus la touche.

À certains, le mot même de « fini » fait horreur. Que

ne puisent-ils dans la réserve lexicale de Dezallier d'Argenville, éminent collectionneur du Grand Siècle : il évoquait les œuvres terminées car rendues comme des « dessins arrêtés ». En expert, Pierre Rosenberg en voit très peu chez Watteau, aucun chez Fragonard.

Dans *Si Versailles m'était conté* de Sacha Guitry, un peintre s'adresse à Louis XV : « Une esquisse n'est pas l'ébauche d'un chef-d'œuvre mais plutôt son achèvement. »

Il y en a pour préférer les esquisses d'Hubert Robert à ses tableaux. Le dessin dans toute sa noblesse, pas la mise en place ni l'agencement des proportions.

Diderot exalte dans cette promesse d'œuvre le lieu magique où l'âme du peintre se répand le plus librement. Encore faut-il que la force de l'idée ne se laisse pas diluer dans son accomplissement. Nombre d'idées premières sont ainsi passées par les armes au nom du raffinement au moment de leur exécution. Croquis, esquisse, étude, ébauche : tant de mots pour dire l'inachevé. Ce que les Italiens appellent *bozzetto*.

Tableau : un seul mot pour dire pour l'achevé. *Picture* chez les Anglais, *finished picture* ou *exhibition picture* chez les Américains. Mais quand l'esquisse est l'œuvre même, où situer la frontière entre l'achevé et l'inachevé ? Certains catalogues raisonnés demeurent inachevés pour des raisons historiques, politiques, matérielles : les dira-t-on pour autant irraisonnés ou déraisonnables ?

Le pérégrin muséal, personnage que l'on rencontre

généralement hors saison et à des heures indues, a toutes les chances d'être happé par le spectre de l'inachèvement, pour peu qu'il y pense. Désormais, même la technologie l'y invite : en dressant l'inventaire des repentirs de l'artiste, la radiographie d'une toile le fait archéologue. Rien n'est indiscret comme cette descente dans les bas-fonds du tableau car elle met à nu ses angoisses. Au moins procure-t-elle parfois des émotions inédites : la découverte d'un tableau inachevé sous un tableau inversé et achevé. Ainsi du *Christ mort* (vers 1530) de Rosso Fiorentino. Parfois, cela saute aux yeux. Isabelle d'Este commande au Corrège une allégorie de la vertu pour son palais de Mantoue. Trois musées en possèdent aujourd'hui une version différente. Celle de la National Gallery of Scotland, à Édimbourg, est étrange. Le tableau est là, à l'exception du personnage central, qui s'est absenté. Sa silhouette fantomatique est à peine esquissée. Elle doit sortir du cadre la nuit pour hanter les lieux et effrayer les personnages qui dorment tranquillement dans le leur. Les experts disputent encore le sens de cet inachèvement.

Pascal Quignard raconte que *La lectrice à la table jaune* est le seul tableau de Matisse qui soit resté inachevé. Il peignait le jour où sa fille est rentrée de déportation : sorti de sa toile pour l'étreindre, il fut dès lors incapable d'y pénétrer à nouveau.

Bonnard dit que lorsqu'il entre dans un musée, les fenêtres sont la première chose qu'il regarde car de là vient la vraie lumière. Quand j'entre dans Bonnard, je lui fais immédiatement les poches car là gît son regret.

Aux innocents les poches pleines. Les siennes le sont de peinture : teintes froides dans la poche droite de la veste, teintes chaudes dans l'autre, et les pinceaux dans la poche cardiaque. L'un de ses marchands assure que le plus souvent il se contente d'un seul pinceau et d'un seul tube de blanc : celui de ses toiles s'oxydant, il faut lui donner un petit coup de temps en temps pour éviter le jaunissement. Le voilà prêt à se livrer à « cette passion périmée de la peinture ».

Marthe n'est plus là mais sa présence hante l'œuvre. Trois cent quatre-vingt-quatre tableaux portent son empreinte. Si l'idée de se séparer de sa femme lui est venue à l'esprit, Bonnard l'abandonne aussitôt car cela revient à se séparer de son œuvre. L'idée l'effleure au bout de trente ans de vie commune quand il s'éprend de son modèle, Renée Monchaty.

Il renonce à l'idée, elle renonce à la vie.

Derrière la bonhomie, une ironie tout aussi indulgente. Avec son air candide on donnerait à Bonnard le non-lieu sans confession. Il croque des pralines avant d'attaquer un tableau. Puis il allume sa pipe. Un pur, un vrai. Les jeunes artistes qui le visitent au Cannet sont frappés par sa gentillesse et sa modestie. Ils l'écoutent se taire comme on tendrait l'oreille vers un Ancien, ou un sage. Il est vrai que Bonnard naît quand Ingres meurt. Les deux événements sont sans rapport mais on s'en souvient. Pourquoi, par exemple, se souvient-on que Gide vient au monde lorsque Berlioz disparaît ?

L'humilité faite peintre. Gardons-nous pour autant de

faire de Bonnard un saint laïque. On peut tuer quelqu'un à l'ensevelir sous sa propre gentillesse. Tout est
dans le reportage de Cartier-Bresson au Cannet en
1944. Bonnard vit alors des années de solitude, loin de
sa chère côte normande, où le ciel et la lumière sont
d'une beauté sans égale. Il est très ennuyé de se voir
vieillir, partir en morceaux et sentir la fin approcher
juste au moment où il entrevoit enfin ce qu'est la peinture.

Son ciel intérieur s'assombrit à grande vitesse avec la
perte successive des êtres chers, son frère Charles, son
frère d'armes Vuillard, ses compagnons d'armes Maurice Denis, K.X. Roussel, Maillol, et surtout sa femme,
Marthe.

Le travail est un refuge qui n'éclaircit rien.

Bonnard se terre face à l'objectif. Voudrait se fondre
dans le gris du mur. Y parvient presque à force de s'y
frotter pour mieux échapper au regard cyclopéen du
photographe.

Bonnard, Cartier-Bresson, deux maîtres du regard. On
croirait un récit onirique. Le 19 février 1998 je marche en
Bonnard avec Cartier-Bresson, que j'accompagne à Londres. À l'entrée de la National Portrait Gallery, le gardien
lui demande courtoisement mais fermement d'accrocher
son Leica au vestiaire entre chapeaux et parapluies.
L'usage de l'appareil photographique n'est pas autorisé
dans cette enceinte, *Sir* ! Il obtempère, ravi que le préposé
n'ait pas reconnu son visage pourtant affiché partout
alentour comme un avis de recherche. Toute une allée est
consacrée aux photos qu'il a faites du peintre, dont il a vu

le matin même une rétrospective à la Tate Gallery. Il en est ébloui. Ce que ses yeux ont vu lui a coupé les genoux au propre comme au figuré. Confirmation étincelante de ce que Bonnard est le patron.

Un demi-siècle s'est écoulé depuis sa visite au grand homme et il n'en est toujours pas revenu. Michel Terrasse, le petit-neveu, lui a raconté que Bonnard détestait être photographié mais qu'il avait fait une exception : le petit Cartier, je lui ai dit oui parce qu'il est jeune et qu'il a besoin de sous ! Épaté que Bonnard ne l'ait pas oublié, Henri se souvient avoir été trop timide pour le photographier de face. Un portrait est un tête-à-tête, pas une image volée à l'insu du modèle.

On n'oblige pas celui qu'on admire, on ne braque pas Bonnard.

Bonnard est un taiseux, voire un mutique. Les visiteurs sont toujours impressionnés par sa faculté à se taire devant la peinture. Discrétion, secret, pudeur. Pourquoi s'échiner à raconter ce qu'on s'est tué à peindre ? Le silence favorise aussi les malentendus. Sous l'Occupation, comme il manque cruellement de charbon et de lait, qu'il songe même à quitter son atelier, ses admirateurs à Vichy croient l'aider en lui commandant un portrait du Maréchal. Il s'en sort en se réservant la possibilité de détruire la future icône si elle ne lui plaît pas. Le projet est enterré.

Pas de chevalet, pas même de support en bois. Cela ne le gêne pas de peindre sur une toile punaisée au mur. Il travaille à plusieurs tableaux dans le même temps, les laisse en plan, à moins qu'il ne fasse décanter les pigments à l'égal du bon vin. Bonnard peint surtout de mémoire à partir d'un dessin, sa faculté d'imprégnation est encore plus forte que sa mémoire visuelle, l'instinct triomphant de l'intelligence, l'âme tenue par l'inquiétude, le doute sans l'irrésolution. Mais son hésitation est rituelle avant de signer — d'une étoile —, car signer c'est achever.

Celui qui achève donne le coup de grâce.

Bonnard s'autorise à tout reprendre. S'il conserve la plupart des dessins préparatoires, c'est bien dans la perspective de parfaire les tableaux. Qui sait si ne gît pas au fond de lui l'injonction de son « père » un peu catégorique, ce Renoir qui l'exhortait à embellir.

Des assiettes lui servent de palette. Dix ans après, il persiste à retoucher, transformer, améliorer au risque d'abîmer. Remettre vingt fois sur le métier : si l'expression ne se retrouvait chez Boileau, on la croirait inventée pour lui.

Tel tableau revient à peine d'une exposition aux États-Unis qu'il le reprend déjà. C'est un battant de porte donnant sur une pièce semi-obscure. Des années qu'il sent ce qui ne va pas : on croirait la surface coupée en deux parties distinctes. Il fait ce qu'il faut pour qu'elle retrouve l'unité.

La clef de tout, c'est la composition. Son carnet de croquis est un répertoire de formes. Le pinceau d'une main, le chiffon de l'autre. Ainsi avance l'insatisfait. Finir, terminer un ouvrage autant qu'il doit l'être. C'est ce que disaient les académies autrefois. « Autant qu'il doit l'être » : un abîme s'ouvre sous ces mots.

Quand il sent la mort rôder, il songe à ranger ses affaires. Achever l'inachevé : le *Cheval de cirque* dix ans après, *Nu dans le bain au petit chien* cinq ans après, *L'atelier au mimosa* sept ans après. Ils vivent loin de lui désormais. La distance prend les accents d'un reproche. Mon Dieu, pourquoi nous as-tu abandonnés ?

Le *Cheval de cirque* porte cette date curieuse : « 1934-1946 ». Déroutant pour ces critiques et historiens de l'art toujours si prompts à identifier, étiqueter et ranger. Dix ans pour un tableau ! de quoi semer la confusion entre les manières et les périodes.

Un jour qu'il déjeune avec son neveu, Charles Terrasse, conservateur du musée de Fontainebleau, il est ainsi placé qu'il tourne le dos au tableau. À la fin du repas, n'y tenant plus, il lui ajoute des accents de noir et de bleu sombre dans les fonds. Mais l'exercice du repentir peut être une aventure autrement périlleuse.

Bonnard rôde en malfaiteur au musée de Grenoble, surpris en flagrant délit alors qu'il retouche son *Intérieur blanc*. On le retrouve plus tard au Luxembourg. Il guette le guide. Il épie le gardien. Lorsqu'ils s'engouffrent avec le flot de touristes, il n'a aucun mal à se fondre parmi les Japonais. Plus il avance en âge, plus son visage se nipponise. Bonnard dans la foule écarquille les yeux avec elle devant un Bonnard. Mais dès qu'ils passent tous dans l'autre salle, il sort ses couleurs et son pinceau, ainsi qu'une minuscule palette, et il améliore en cachette de tous. Quelques touches de lumière ici ou là. Rien n'est furtif comme l'art à la dérobée. Inutile de préciser que l'acte est considéré comme illégal et que le clandestin sait qu'il encourt une peine.

C'est interdit, qu'on ait le souci de détruire ou celui d'embellir, que l'on soit un étranger ou l'auteur même.

Le règlement du Louvre vaut pour d'autres musées. Il est interdit d'y introduire armes et munitions, substances explosives, inflammables ou volatiles. Les obsessionnels de l'inachevé, perfectionnistes et autres Bonnard sont concernés par le paragraphe 3 de l'article 5 relatif aux armes blanches de la sixième catégorie : baïonnettes, poignards, matraques, casse-tête, cannes à épée, cannes plombées ou ferrées sauf celles qui ne sont ferrées qu'à un bout, arbalètes, battes de base-ball, armes électriques de neutralisation des personnes, fléaux japonais, étoiles de jet, coups de poing américains, lance-pierres de compétition, générateurs de produits incapacitant, arcs, chaînes, rasoirs, sabres pliants ou non et projecteurs hypodermiques.

En reliant deux pinceaux entre eux par leurs extrémités au moyen d'une ficelle, le « nabi japonard » dispose d'un fléau japonais. Bonnard est un artiste dangereux.

« Et, son coup fait, de disparaître, radieux comme un collégien après une inscription vengeresse au tableau noir », se souvient son ami le critique d'art Georges Besson.

Les artistes ont moins à craindre de la brigade muséale que des mesures de rétorsion de leurs protecteurs. À la cour de Charles d'Amboise, Léonard sait qu'il sera taxé d'une amende de cent cinquante florins chaque fois qu'il remettra une œuvre avec retard.

Les murs de sa chambre sont nus. De sa fenêtre, Bonnard voit un arbre tant de fois peint. Un ami, un complice, un fidèle que cet arbre. Ils se tutoient depuis 1925. *L'amandier en fleur* (1947) est son dernier tableau, un petit format, 55 centimètres de hauteur, 37 centimètres de largeur. Un timbre-poste pour les artistes monumentaux de tous les temps. Une miniature qu'il demande à Charles Terrasse de retoucher pour lui. Si affaibli qu'il ne se sent pas la force de soulever un pinceau. Qu'importe si c'est déjà signé. Il manque quelque chose. Un peu de jaune, un peu d'or à la place du vert sur ce morceau de terre en bas à gauche, car seule la couleur peut rompre la couleur.

Juste de quoi arrêter le balayage du regard. On le sait insatisfait quand ce qu'il peint n'est que de la couleur, pas encore de la lumière. Désormais sa lumière le fait sortir du mur. Tout pour la lumière. Une vie entière à tourner autour.

Bonnard est exténué. Il meurt dans le repentir. On pourrait réécrire toute l'histoire de l'art au seul prisme de la reprise. Le dernier geste de Bonnard sur sa dernière œuvre est celui d'un retoucheur. Non pour achever mais pour poursuivre puisque la perfection n'est pas de ce monde. Ernst Jünger lui donne raison. Refermant sa biographie, il justifie cette tendance par le fait que, le peintre dépendant davantage de la matière que les autres artistes, il s'estime fondé à posséder son œuvre. Jusqu'au bout.

Sauf qu'il est déjà à quatre nuages de chez lui.

Achever, c'est fermer. Les plus belles œuvres sont inachevées car en suspens. Paul Valéry tient que lorsqu'on parle d'œuvre achevée, il faut toujours préciser qu'il s'agit d'achèvement matériel ; il n'existe aucun signe incontestable de l'achèvement intrinsèque d'une œuvre.

Un simple geste peut être une œuvre d'art. François Truffaut hésite des années avant de tenter de retrouver son père inconnu. Quand un détective lui remet son rapport d'enquête, il se rend seul à Belfort une nuit de septembre 1968, à la rencontre du docteur Roland Lévy, chirurgien-dentiste ; il attend qu'il rentre, en bas de son immeuble du boulevard Carnot. Mais quand l'homme pousse la porte, Truffaut ne lui parle pas ; puis il hésite à appuyer sur la sonnette, hésite encore, renonce et va se réfugier au ciné-club du coin pour revoir *La ruée vers l'or*. On dira qu'il n'a pas eu le courage de se faire connaître de son père inconnu pour ne pas bouleverser sa vie. Il lui suffisait pourtant d'achever la course de son geste. En le retenant, il en a peut-être fait quelque chose de plus puissant et de plus solide que s'il l'avait mené à sa destination.

Il est parfois préférable que les choses restent en suspens. Il y a là à boire et à manger pour tout le monde. Pour un psychanalyste aussi : fin de la cure, analyse sans fin, après-coup…

Tout ne doit pas être élucidé.

Les *Pensées* de Pascal sont achevées mais, en l'absence de plan, elles doivent leur achèvement à d'autres que leur auteur. Ceux qui se succèdent au cours des siècles pour régler l'ordonnancement de ces fragments impriment leur marque au recueil. Sa perspective en est modifiée.

En route pour Venise, au cours d'une halte à Milan, André Suarès se laisse conduire par une piété sans mélange vers *La Cène* à Sainte-Marie-des-Grâces. Ce que lui inspire la plus illustre des images d'Italie ? « Toutes les œuvres de Léonard ont perdu à ce qu'il les achève : elles sont noires, et le noir est le deuil de la vie. »

Nul mieux que le peintre ne peut décider de l'état d'achèvement de son tableau. Jean Rustin dit que c'est fini quand, en le regardant, il ne pense plus à rien et qu'il sait n'avoir plus rien à changer. Une douce satisfaction l'envahit lorsque sourd cette étrange conviction que le tableau existe enfin. Son œuvre le fascine lui-même. Plus rien à dire.

Un artiste ne devrait jamais avoir à écrire le mot « Fin ». Il peut laisser son œuvre de côté, il peut même jurer ses grands dieux qu'il n'y touchera plus en savourant par avance la volupté du parjure. Mais mettre fin, jamais. Autant lui voler son âme. Dans une lettre, Picasso assure que le geste est tout juste digne d'un *puntillero*, comme on nomme aux arènes celui qui donne le coup de grâce au taureau quand l'estocade ne l'a pas tué.

La mort de Bonnard n'achève pas son œuvre, laquelle reste largement invisible pendant dix-sept ans : la durée d'une mise sous séquestre due à une succession problématique. Le procès est indigne du beau nom de Bonnard, jusqu'alors immaculé. Il faut cette histoire pour

que l'on retrouve chez des marchands des dessins inachevés.

Un tableau, comme un poème, n'est jamais terminé.
Il est juste abandonné. L'œuvre suspendue appelle sa
suite. C'est sans fin. La folie est à l'œuvre dans cette
logique-là, celle d'un artiste à l'esprit corrodé par le
doute.

Dans le petit calepin de Bonnard, on trouve cette
remarque respectueusement exprimée par un peintre en
bâtiment lors de travaux chez lui : « Monsieur, la première couche en peinture, cela va toujours ; je vous
attends à la seconde... » La deuxième plutôt car il
n'aurait jamais pu assurer qu'il n'y en aurait pas une
troisième.

Et si la vocation d'une œuvre d'art était de demeurer
définitivement inachevée ?

RECONNAISSANCE DE DETTES

Un biographe est toujours redevable des livres de ses prédécesseurs, un multibiographe davantage encore. Si l'on veut reconnaître quelque densité à cet ouvrage, que l'on sache donc d'où elle vient...

passouline5@hotmail.com

Épigraphe.
Robert Pinget, *Taches d'encre*, Minuit, 1997

1. *Rosebud.*
Daniel Arasse, *Le détail. Pour une histoire rapprochée de la peinture*, Flammarion, 1992 ; Robert L. Carringer, *The Making of « Citizen Kane »*, University of California Press, Berkeley, 1985

2. *La « Duchess » de Kipling.*
Rudyard Kipling, *Œuvres*, Gallimard, « Bibliothèque de la Pléiade », 2001 ; Thomas Pinney, *The Letters of Rudyard Kipling*, Macmillan, 1990-2005 ; Kingsley Amis, *Rudyard Kipling and his World*, Thames and Hudson, Londres, 1975 ; Catherine Grive-Santini, *Guide des cimetières militaires en France*, Le Cherche-Midi, 1999 ; Tonie and Valmai Holt, *My Boy Jack ? The Search for Kipling's Only Son*, Leo Cooper, Barnsley, South Yorkshire, 2001 ; Jean-Luc Fromental, édition et traduction de *Tu seras un homme, mon fils* et de *Lettres à son fils*, Mille et Une Nuits, 1998 ;

David Gilmour, *The Long Recessional. The Imperial Life of Rudyard Kipling*, Pimlico, Londres, 2003 ; Alberto Manguel, *Kipling. Une brève biographie*, Actes Sud, 2004 ; André Maurois, *Les silences du colonel Bramble*, 1918 ; Adam Nicolson, *The Hated Wife. Carrie Kipling 1862-1939*, Short Books, 2001 ; Rainer Maria Rilke, *Œuvres poétiques et théâtrales*, Gallimard, « Bibliothèque de la Pléiade », 1997 ; collection de *The Kipling Journal*, Londres ; Angus Wilson, *The Strange Ride of Rudyard Kipling*, Secker and Warburg, Londres, 1997

3. *La canne-siège de Monsieur Henri.*

Yves Bonnefoy, *Goya, Baudelaire et la poésie*, La Dogana, Genève, 2004 ; Marianne Haraszti-Takacs, *Les maîtres espagnols de Zurbarán à Goya* ; Gérard Macé, *La photographie sans appareil*, Le Temps qu'il fait, 2001 ; Max Milner, *L'envers du visible*, Seuil, 2005 ; André Malraux, « Saturne. Le destin, l'art et Goya », in *Écrits sur l'art*, Gallimard, « Bibliothèque de la Pléiade », 2005

4. *Celan sans sa montre.*

Paul Celan, *Choix de poèmes*, traduction de Jean-Pierre Lefebvre, Gallimard, coll. « Poésie », 1998 ; *Contrainte de lumière*, traduction de Bertrand Badiou, Belin, 1989 ; *De seuil en seuil*, traduction de Valérie Briet, Christian Bourgois, 1991 ; *Pavot et mémoire*, traduction de Valérie Briet, Christian Bourgois, 2001 ; *Poèmes*, traduction de John E. Jackson, José Corti, 2004 ; *Œuvres en prose*, traduction de Jean Launay, Seuil, 2002 ; *Rose de personne*, traduction de Martine Broda, José Corti, 2002 ; *Enclos du temps*, traduction de Martine Broda, Clivages, 1985 ; *Grilles de parole*, traduction de Martine Broda, Christian Bourgois, 1991 ; *Entretien dans la montagne*, traduction de Stéphane Mosès, Verdier, 2001 ; *Strette et autres poèmes*, traduction de Jean Daive, Mercure de France, 1990 ; *Poèmes*, traduction d'André du Bouchet, Mercure de France, 1995 ; Jean Bollack, *Poésie contre poésie. Celan et la littérature*, PUF, 2001 ; Hans-Georg Gadamer, *Qui suis-je et qui es-tu ?*, Actes Sud, 1973 ; Emmanuel Levinas, *Paul Celan, de l'être à l'autre*, Fata Morgana, 2002 ; *Paul Celan. Poésie et poétique*, Klincksieck, 2002 ; *Paul Celan*, revue *Europe*, n° 861-862, janvier-février 2001 ; Dominique de Villepin, *Éloge des voleurs de feu*, Gallimard, 2003 ; Pierre Mertens, *Écrire après Auschwitz ?* La Renaissance du livre, Tournai, 2003 ; Contre-jour, *Études sur Paul Celan*, colloque de Cerisy édité par Martine Broda, Cerf, 1986 ; Edmond Jabès, *La mémoires des mots. Comment je lis Paul Celan*, Fourbis, 1990 ; Henri Michaux, « Sur le chemin de la vie, Paul Celan... », *Œuvres complètes, III*, Gallimard, « Bibliothèque de la Pléiade », 2004 ; *La bibliothèque philosophique de Paul Celan*, édité par Alexandra Richter, Patrick Alac et Bertrand Badiou, préface de Jean-Pierre Lefebvre, Presses de l'École normale supérieure, 2005 ; Jean Samuel et Jorge Semprun, « Autour de Primo Levi », in *L'École des lettres*, n° 6, novembre 2002 ; Hadrien France-Lanord, *Paul Celan et Martin Heidegger. Le sens d'un dialogue*, Fayard, 2004 ; Jean-Pierre Martin, *Henri Michaux*, Gallimard, 2003 ; Yves Bonnefoy, *Le nuage rouge*, Mercure de France, 1992 ; John E. Jackson « Bonnefoy et Celan », in *Yves Bonnefoy et l'Europe du XXᵉ siècle*, Presses universitaires de Strasbourg, 2003 ; Enzo Traverso, *L'histoire déchirée. Essai sur Auschwitz et les intellectuels*, Cerf, 1997 ; Andréa Lauterwein, *Paul Celan*, Belin, 2005 ; Nelly Sachs et Paul Celan, *Correspondance*, traduite par Mireille Gansel, Belin, 1999 ; Paul Celan et Gisèle Celan-Lestrange, *Correspondance*, éditée et commentée par Bertrand Badiou avec le concours d'Éric Celan, Seuil, 2001

5. *Sous l'écharpe de Jean Moulin.*
Jean Moulin, *Premier combat*, Minuit, 1983 ; Daniel Cordier, *Jean Moulin, tome 2. Le choix d'un destin, juin 1936-novembre 1940*, Lattès, 1989 ; Jean Moulin, *La République des catacombes*, Gallimard, 1999 ; Laure Moulin, *Jean Moulin*, Presses de la Cité, 1969 ; Henri Amouroux, *Le peuple du désastre*, Robert Laffont, 1976 ; Albrecht Betz, *Exil et engagement. Les intellectuels allemands et la France 1930-1940*, Gallimard, 1991 ; Jean-Michel Palmier, *Weimar en exil*, Payot, 1988 ; Maurice Pinguet, *La mort volontaire au Japon*, Gallimard, 1984 ; François de

Negroni et Corinne Moncel, *Le suicidologue. Dictionnaire des suicidés célèbres*, Le Castor astral, 1997 ; Élisabeth Roudinesco, *Histoire de la psychanalyse en France*, Fayard, 1994, *Dictionnaire de la psychanalyse* (avec Michel Plon), Fayard, 1997 ; Roger Langeron, *Paris juin 40*, Flammarion, 1946 ; Jean-Pierre Azéma, *Jean Moulin, la politique, le rebelle, le résistant*, Perrin, 2003 ; *1940, l'année terrible*, Seuil, 1990 ; Jean-Yves Le Naour, *La honte noire*, Hachette, 2005 ; Robert Belot, *Henri Frenay. De la Résistance à l'Europe*, Seuil, 2003 ; Michel Fratissier, *Historiographie sur Jean Moulin*, DEA, université Paul-Valéry Montpellier III, 1999 ; *Jean Moulin préfet d'Eure-et-Loir*, actes du colloque, Conseil général d'Eure-et-Loir, 2000 ; Tilla Rudel, *Walter Benjamin, l'ange assassiné*, Mengès, 2006

6. *Les chaussures neuves de Mr. Owen.*

Philippe Daudy, *Les Anglais*, Plon, 1989 ; James Darwen, *Le chic anglais*, Hermé, 1990 ; Farid Chenoune, *Des modes et des hommes. Deux siècles d'élégance masculine*, Flammarion, 1993 ; Christine Jordis, *Une passion excentrique. Visites anglaises*, Seuil, 2005 ; Paul Burrell, *Confidences royales*, Michel Lafon, 2003 ; Olivier Barrot, *Mon Angleterre. Précis d'anglopathie*, Perrin, 2005

7. *Une plaque rue des Grands-Augustins.*

Honoré de Balzac, *Le chef-d'œuvre inconnu et autres nouvelles*, édition d'Adrien Goetz, Gallimard, « Folio », 1994 ; Thierry Chabanne (sous la direction de), *Autour du « Chef-d'œuvre inconnu de Balzac »*, École nationale supérieure des Arts décoratifs, ENSAD, 1985 ; Les archives de Picasso, « On est ce que l'on garde ! », RMN, 2003 ; Hans Belting, Werner Spies et alii, *Qu'est-ce qu'un chef-d'œuvre ?*, Gallimard, 2000 ; Alicia Dujovne Ortiz, *Dora Maar. Prisonnière du regard*, Grasset, 2003 ; Picasso, *Propos sur l'art*, Gallimard, 1998 ; Brassaï, *Conversations avec Picasso*, Gallimard, « Idées », 1964 ; Françoise Gilot et Carlton Lake, *Vivre avec Picasso*, Calmann-Lévy, 1991 ; Pierre Cabanne, *Le siècle de Picasso*, Gallimard, 1992 ; Roland Penrose, *Picasso*,

Flammarion, 1982 ; James Lord, *Picasso and Dora. A Memoir,* Weidenfled and Nicolson, 1993

8. *Dans les poches de Bonnard.*
Daniel Arasse, *On n'y voit rien,* Denoël, 2000 ; *Histoires de peintures,* Denoël, 2004 ; Avigdor Arikha, *Peinture et regard. Écrits sur l'art, 1965-1993,* Hermann, 1994 ; Antoine de Baecque et Serge Toubiana, *François Truffaut,* Gallimard, 1996 ; Serge Bramly, *Léonard de Vinci,* Lattès, 1988 ; Eugène Delacroix, *Dictionnaire des beaux-arts,* Hermann, 1996 ; Ernst Jünger, *Journaux de guerre,* Julliard, 1990 ; Lakis Proguidis, « L'âme numérique », in *L'Atelier du roman,* n° 39, septembre 2004 ; Paul Valéry, *Degas Danse Dessin,* Gallimard, 1965 ; Pierre Rosenberg, *Du dessin au tableau,* Flammarion, 2001 ; Georges Besson, article sur Bonnard in *Le Point,* janvier 1943 ; Peter Galassi, *Corot en Italie. La peinture de plein air et la tradition classique,* Gallimard, 1991 ; Francis Haskell, *De l'art et du goût jadis et naguère,* Gallimard, 1989 ; André Suarès, *Voyage du condottiere,* Granit, 1984

Œuvres de Pierre Assouline (suite)

Enquêtes

DE NOS ENVOYÉS SPÉCIAUX, avec Philippe Dampenon, J.C. Simoën, 1977

LOURDES. HISTOIRES D'EAU, Alain Moreau, 1980

LES NOUVEAUX CONVERTIS, Albin Michel, 1982 (Folio Actuel, n° 30)

L'ÉPURATION DES INTELLECTUELS, Complexe, 1985, réédition augmentée, 1990

GERMINAL. L'AVENTURE D'UN FILM, Fayard, 1993

Achevé d'imprimer
sur Roto-Page
par l'Imprimerie Floch
à Mayenne, le 29 septembre 2006.
Dépôt légal : octobre 2006.
Premier dépôt légal : septembre 2006.
Numéro d'imprimeur : 66650.

ISBN 2-07-073230-4 / Imprimé en France.

148109